Michael Matthias Schardt

Bibliographie Arno Schmidt 1979 – (?)1985

Mit
Ergänzungen und Verbesserungen
zur Arno-Schmidt-Bibliographie
1949-1978

RaderVerlag

CIP-Kurztitelaufnahme der Deutschen Bibliothek

Schardt, Michael Matthias:
Bibliographie Arno Schmidt 1979 - (7) 1985:
mit Erg. u. Verbesserungen zur Arno-Schmidt-
Bibliographie 1949 - 1978 / Michael Matthias
Schardt. - 1. Aufl. - Aachen : Rader, 1985.
ISBN 3-922868-27-4

NE: Bock, Hans-Michael: Arno-Schmidt-Biblio-
graphie 1949 - 1978; Arno-Schmidt-Bibliographie
1949 - 1978; HST

Kongreßstr. 5, D-5100 Aachen

1. Auflage
ISBN 3-922868-27-4

Umschlaggestaltung: Raphael Hau

Titel-Zitat: Zettels Traum 731

MICHAEL MATTHIAS SCHARDT

BIBLIOGRAPHIE ARNO SCHMIDT

1979 - (7) 1985

INHALT

VORBEMERKUNG

"In den letzten Jahren - ausgelöst durch 'Zettels Traum' - ist das Interesse an Arno Schmidt, das in den 60er Jahren fast am Erlöschen war, wieder stärker geworden." Ein ähnliches Rezeptionsphänomen, wie es Hans-Michael Bock 1974 im Vorwort seiner verdienstvollen Arno Schmidt Bibliographie (^{2}1979) formulierte, kann auch für die zurückliegenden zehn Jahre festgestellt werden. Nachdem sich der Rummel um Schmidt nach 'Zettels Traum', 1970, und der Verleihung des Goethe-Preises, 1973, gelegt hatte, gaben sein 65. Geburtstag im Januar 1979 und sein Tod im Juni des gleichen Jahres der Presse Anlaß, Schmidt für kurze Zeit in den Blickpunkt der literarischen Öffentlichkeit zu rücken. Eine Anzahl von Artikeln wurde seit 1982/83 geschrieben, die sich direkt oder indirekt mit dem Nachlaß-Streit um seine Werke beschäftigen. Neben diesen aus Tagesaktualität geschriebenen Beiträgen ist seit Ende der 70er Jahre ein Ansteigen der akademischen Literatur zu bemerken, die die 'Dechiffrierphase' der Schmidt-Philologie zu überwinden sucht.

Insgesamt stehen neben 200 Primärnachweisen mehr als 700 Eintragungen zur Sekundärliteratur. Eine der wichtigsten Aufgaben der Forschung in nächster Zukunft bleibt eine kritische Sichtung der Schmidt-Literatur. Zeigt die Fülle des Materials zwar, daß Schmidt zu den vieldiskutierten Nachkriegsschriftstellern gehört, so ist doch nur ein verhältnismäßig kleiner Anteil der Arbeiten für eine ernsthafte Auseinandersetzung mit dem Werk geeignet. Erfreulich hingegen ist die Tatsache, daß Schmidts Werke immer mehr Anklang beim Leser finden. Die Auflagenzahlen der Taschenbücher aus den 70er Jahren, der Erfolg der 'Zürcher-Kassette' und der Reprintausgaben belegen nachdrücklich, daß Schmidt nicht mehr nur als Autor einer intellektuellen Minderheit zu gelten hat.

Die Aufgabe, eine neue Gesamtbibliographie zu erstellen, war von Anfang an nicht geplant, da die Masse des Materials alleine nicht zu bewältigen ist. Zudem ist der Zeitraum vor 1979 hinreichend erschlossen. Bei meinen Recherchen nach neuem Material sind - mehr oder weniger zufällig - auch weitere, bisher nicht erfaßte Literaturnachweise gefunden worden, die sich auf den von Hans-Michael Bock bearbeiteten Zeitraum beziehen. Etwa 150 neue oder berichtigte Eintragungen aus den Jahren 1949-1978 sind hier nachgeliefert. Obwohl für den Zeitraum ab 1979 Vollständigkeit und Richtigkeit angestrebt wurde, werden sicherlich einige Nachträge und Verbesserungen zu einem späteren Datum nötig sein. Für Hinweise bin ich jederzeit dankbar.
In die Bibliographie aufgenommen wurden alle Buchausgaben, sofern es sich nicht um identische Neuauflagen älterer Ausgaben handelt. Beispielsweise ist die 3. Auflage von Schmidts 'Abend mit Goldrand' von 1981 nicht verzeichnet; das Taschenbuch 'Aus julianischen Tagen', 1979, mit Texten aus früheren Hardcover-Bänden, hingegen doch.
Ein besonderes Problem bildet das Erfassen von Rundfunksendungen. Da es kaum brauchbare Verzeichnisse von Radiolesungen oder Radiorezensionen gibt, die Archive nur sehr unvollständig und ungeordnet sind, selbst das Material des S. Fischer Verlages und der Arno Schmidt Stiftung eher eine zufällige Ansammlung ist, dürften die ermittelten Daten nur ein Teil des Gesamten sein. Einige Angaben sind zudem unvollständig und bedürfen der Ergänzung. Für eine spätere Gesamtbibliographie bleibt zu überlegen, ob Rundfunksendungen aus diesem Grunde nicht ganz gestrichen werden sollten.

Im Punkt 'Wirkung' wurde die Reihe 'Haidnische Alterthümer' mitaufgenommen, weil sie sich ausdrücklich auf Arno Schmidt bezieht und ihm gewidmet ist. Um eine Ausweitung der Bibliographie zu verhindern, blieben andere Buchausgaben, die möglicherweise auch auf Schmidts Empfehlungen erschienen sind, unbeachtet.

Für ihre Hilfe und ihr bereitwilliges Entgegenkommen danke ich besonders dem S. Fischer Verlag, der Arno Schmidt Stiftung und der Dortmunder Zeitungsforschungsstelle.
Für weitere Hinweise, Auskünfte und Hilfen danke ich Ernst Krawehl, Joachim Metzler, Rainer Griese, Thomas Blachut, Verena Ebbes, Rudi Schweikert, Heinz Lebbing, Kornelia Bee, Veronika Alfermann, Heiko Postma, Klaus T. Hofmann und Walter Olma.

Paderborn, im Sept. 1985

BENUTZUNG

1. Die vorliegende Bibliographie ist unterteilt in vier Hauptpunkte: Primärliteratur, (allgemeine) Sekundärliteratur, Rezensionen zu den Werken, Wirkung. Die Numerierung der Nacnweise erfolgt innerhalb der Hauptpunkte jeweils von 1) an fortlaufend. Die vier Gruppen sind in weitere Unterpunkte unterteilt, die die Literatur von bzw. über Schmidt in chronologischer Reihenfolge verzeichnen. Tages- und Wochenzeitungen stehen gemäß ihres Erscheinungstages, Zeitschriften am Ende ihres Erscheinungsmonats bzw. -quartals, Bücher am Ende des Erscheinungsjahrs. Sammelrezensionen sind jeweils nur einmal genannt.

2. Die Primärliteratur und die Sammelbände der Sekundärliteratur werden über die Grunddaten hinaus ausführlicher dokumentiert. Ansonsten sind die Angaben knapp gehalten. Buchgrößen, Auflagenhöhe und Lesarten wurden, wegen ihrer zwangsläufigen Lückenhaftigkeit, nicht aufgeführt. Nur bei kleineren Zeitungen ist der Ort angegeben.
Mit (n.v.) sind Buchausgaben gekennzeichnet, die nicht vorgelegen haben.

3. Neben urheberrechtlichen Gründen stehen auch sachliche Gründe, die gegen eine Übernahme der von Hans-Michael Bock benutzten Gliederung sprechen. Einmal ergaben sich neue Punkte (Nachrufe), die sich in das vorgegebene Nummernsystem nicht mehr einfügen lassen, zum andern ist ein zehn- und mehrziffriges Zahlengefüge trotz mancher Vorteile umständlich. Zudem weist das System kleine Unstimmigkeiten auf.

4. Im Anhang befindet sich ein Verfasser-Register zur Sekundärliteratur. Angegeben ist jeweils die

Hauptgruppe: S=Sekundärliteratur, R=Rezensionen, W=Wirkung und die jeweilige Nummer des Artikels. Bei Aufsätzen im Bargfelder Boten ist die Lieferung mitangegeben. Unter 'anonym' sind in alphabetischer Reihenfolge die Zeitungen genannt, in denen Rezensionen ohne Verfasserangabe erschienen.

ABKÜRZUNGEN

ARD	Arbeitsgemeinschaft der öffentlich-rechtlichen Rundfunkanstalten der Bundesrepublik Deutschland
BR	Bayerischer Rundfunk, München
HR	Hessischer Rundfunk, Frankfurt
NDR	Norddeutscher Rundfunk, Hamburg-Hannover
ORF	Österreichischer Rundfunk (und Fernsehen), Salzburg
RB	Radio Bremen
RIAS	Radio im amerikanischen Sektor, Berlin
SDR	Süddeutscher Rundfunk, Stuttgart
SFB	Sender Freies Berlin
SR	Saarländischer Rundfunk, Saarbrücken
SWF	Südwestfunk, Baden-Baden
WDR	Westdeutscher Rundfunk, Köln

BB	Bargfelder Bote
(n.v.)	nicht vorgelegen

Meiner Mutter

1. PRIMÄRLITERATUR

1.1 BUCHVERÖFFENTLICHUNGEN

1) EIN UNERLEDIGTER FALL
Zum 100. Geburtstage von Gustav Frenssen
Karlsruhe, Stahlberg 1965, 75 Seiten.
(Sonderdruck in Kleinformat aus: Die Ritter vom Geist. Von vergessenen Kollegen. Karlsruhe, Stahlberg 1965, in Paginierung der Vorlage, S. 90-165 .

2) WAS WIRD ER DAMIT MACHEN?
Nachrichten aus dem Leben eines Lords
o.O., Goverts Verlag/Steingrüben Verlag, Weihnachten/Neujahr 1969/1970, 48 Seiten.
(Sonderdruck in Kleinformat aus: Der Triton mit dem Sonnenschirm. Großbritannische Gemütsergetzungen. Karlsruhe, Stahlberg 1969, in neuer Paginierung).

3) AUS JULIANISCHEN TAGEN
Frankfurt, Fischer Taschenbuch Verlag, Oktober 1979, 257 Seiten.

4) ZETTELS TRAUM
o.O., o.J., 1354 Seiten.
(Raubdruck in Originalgröße, ca. 1980/81, tauchte in mehreren deutschen Großstädten gleichzeitig auf, nicht identisch mit dem ersten Raubdruck: Bock 1.1.20.1).

5) AUS DEM LEBEN EINES FAUNS (n.v.)
Kurzromane. Auswahl und Nachwort von Hubert Witt
Leipzig, Reclams Universal-Bibliothek Band 794, 1981, 350 Seiten.

6) VOM GRINSEN DES WEISEN
Ausgewählte Funkessays. Auswahl und Nachwort von Bernd Leistner
Leipzig - Weimar, G. Kiepenheuer Verlag 1982, 303 Seiten.

7) JULIA, ODER DIE GEMÄLDE
Scenen aus dem Novecento
Zürich, Haffmans Verlag, 18.1.1983, 125 Seiten.
(Erschienen als Edition der Arno Schmidt Stif-

tung im Haffmans Verlag in einer Vorzugs- bzw. Standardausgabe. DIN A 3 Typoskript, Fragment).

8) DICHTERGESPRÄCHE IM ELYSIUM
Zürich, Haffmans Verlag, 18.1.1984, 2 Bände. (Erschienen als Edition der Arno Schmidt Stiftung im Haffmans Verlag).

1. Transkription des handschriftlichen Originals und Nachwort von Alice Schmidt und JP Reemtsma, 166 Seiten.

2. Faksimile des handschriftlichen Originals, 208 Seiten.

9) ... DENN 'WALLFLOWER' HEISST 'GOLDLACK'
Drei Dialoge
Zürich, Haffmans Verlag 1984, 109 Seiten.
(Erschienen als Edition der Arno Schmidt Stiftung im Haffmans Verlag).

10) DEUTSCHES ELEND
13 Erklärungen zur Lage der Nationen
Erstausgabe, gesetzt nach den Originaltyposkripten des Verfassers, hgg. von Bernd Rauschenbach, Umschlagzeichnung von Tatjana Hauptmann.
Zürich, Haffmans Verlag, Herbst 1984, 123 Seiten.
(Erschienen als Edition der Arno Schmidt Stiftung im Haffmans Verlag).

11) DIE GELEHRTENREPUBLIK
Kurzroman aus den Roßbreiten
Reprint nach der von Arno Schmidt autorisierten Ausgabe von 1957.
Frankfurt, S. Fischer Verlag, Dezember 1984, 225 Seiten, 1 Seite Errata, Lageplan der Gelehrtenrepublik IRAS auf der Innenseite des Buchdeckels.
(Eine 2. Auflage der Reprintausgabe erschien Sommer 1985).

12) ROSEN & PORREE
Reprint nach der von Arno Schmidt autorisierten Ausgabe von 1959.
Frankfurt, S. Fischer Verlag, Dezember 1984, 311 Seiten.

(Eine 2. Auflage der Reprintausgabe erschien Sommer 1985).

13) KAFF AUCH MARE CRISIUM
Reprint nach der von Arno Schmidt autorisierten Ausgabe von 1960.
Frankfurt, S. Fischer Verlag, Dezember 1984, 346 Seiten.
(Eine 2. Auflage der Reprintausgabe erschien im Sommer 1985. Im Impressum sind drei Korrekturen vermerkt: Seite/Zeile 17/32, 22/2, 95/12, ein Vergleich zeigt jedoch nur die Durchführung der Korrektur 22/2).

14) BRIEFE AN WERNER STEINBERG
Mit einer einleitenden Rezension und einem Nachwort von Werner Steinberg

Zürich, Haffmans Verlag, 18.1.1985, 37 Seiten. (Erschienen als Edition der Arno Schmidt Stiftung im Haffmans Verlag. 15 der 16 Briefe erschienen bereits vorab in 'Sinn und Form', Heft 5/1983).

15) DAS ERZÄHLERISCHE WERK IN 8 BÄNDEN
Zürich, Haffmans Verlag, Frühling 1985, 8 Bände mit zusammen 1568 Seiten sowie Beiheft zur 'Zürcher Kassette' mit 32 Seiten. (Erschienen als Edition der Arno Schmidt Stiftung im Haffmans Verlag. Beiheft unter Mitarbeit von Thomas Schreiber).

129-158 Kundisches Geschirr
159-178 Die Abenteuer der Sylvesternacht
179-242 Caliban über Setebos
243-265 Dr. Mac Intosh: 'Piporakemes!'
267 Erstveröffentlichungen

Beiheft

3- 5 Zu dieser Ausgabe
6 Leseanweisung zu 'Leviathan'
7- 15 Berechnungen III
18- 21 Erläuternde Notizen zu "Kaff"
22 Geplante Vorrede zu "Kaff"
23 Leseanweisung zu "Caliban"
24- 26 Widmungsgedichte
27 Zeittafel zur Entstehung der Werke
28-29 Zeichnungen zu "Kosmas, Brand's Haide und Gelehrtenrepublik"
29 Nachweis der Erstveröffentlichungen
30- 31 Editionsplan der Werke und Briefe.

16) DYA NA SORE
Gespräche in einer Bibliothek
Reprint der von Arno Schmidt autorisierten Erstausgabe von 1958.
Frankfurt, S. Fischer Verlag, Juli 1985, 427 Seiten.

6- 12 Vorspiel
14- 53 Dya Na Sore, Blondeste der Bestien
54- 98 Herrn Schnabels Spur, Vom Gesetz der Tristaniten
100-148 Goethe und Einer seiner Bewunderer
150-193 Abu Kital, Vom neuen Großmystiker
194-229 Der sanfte Unmensch, Einhundert Jahre Nachsommer
230-275 Wieland oder die Prosaformen
276-309 Siebzehn sind zuviel! James Fenimore Cooper
310-355 Klopstock oder Verkenne Dich selbst!
356-390 Die Schreckensmänner, Karl Philipp Moritz zum 2oo. Geburtstag

392-425 Tina oder über die Unsterblichkeit.

17) BELPHEGOR
Nachrichten von Büchern und Menschen
Reprint der von Arno Schmidt autorisierten Erstausgabe von 1961.
Frankfurt, S. Fischer Verlag, Juli 1985, 455 Seiten.

18) SITARA UND DER WEG DORTHIN
Eine Studie über Wesen, Werk & Wirkung KARL MAY's
Reprint der von Arno Schmidt autorisierten Erstausgabe von 1963.
Frankfurt, S. Fischer Verlag, Juli 1985,367 Seiten.

19) LEVIATHAN
Reprint der von Arno Schmidt autorisierten Erstausgabe von 1949.
Frankfurt, S. Fischer Verlag, August 1985, 116 Seiten.

20) BRAND'S HAIDE
Zwei Erzählungen
Reprint der von Arno Schmidt autorisierten Erstausgabe von 1951.
Frankfurt, S. Fischer Verlag, August 1985, 260 Seiten.

21) AUS DEM LEBEN EINES FAUNS
Kurzroman
Reprint der von Arno Schmidt autorisierten Erstausgabe von 1953.
Frankfurt, S. Fischer Verlag, August 1985, 165 Seiten.

22) DAS STEINERNE HERZ
Historischer Roman aus dem Jahre 1954
Reprint der von Arno Schmidt autorisierten Erstausgabe von 1956.
Frankfurt, S. Fischer Verlag, August 1985, 288 Seiten.

1.2 VERÖFFENTLICHUNGEN IN ZEITUNGEN

23) DAS HEULENDE HAUS
Hannoversche Presse, 3.9.55

24) ER WAR IHM ZU ÄHNLICH
Fuldaer Volkszeitung, 14.12.56

25) AM ZAUN
Die Darmstädter Studentenzeitung, Sommersemester 1958, Nr. 34, S. 16f.

26) AM ZAUN
Spuren (Studentenzeitung Bonn), 10.12.59, S. 24, (XI. Jahrgang)

27) WAS SOLL ICH TUN?
Zeitung für den Bücherleser (Zettelkasten Frankfurt), 10.10.80

28) KLEINE GRAUE MAUS
Frankfurter Rundschau (Zeit und Bild 11), 13.3.82

29) DEUTSCHES ELEND
Frankfurter Rundschau, 8.9.84

1.3 VERÖFFENTLICHUNGEN IN ZEITSCHRIFTEN UND BÜCHERN einschließlich Prospekten und Gesamtverzeichnissen etc.

30) MASSENBACH KÄMPFT UM EUROPA (n.v.)
(II. Szene)
Neue Mitteilungsblätter des Rheinischen Kulturinstituts. Hg. v. Helmut Domke, Heft 3, (Andernach) Sept. 1951, S. 7-10.

31) EINIGE TRAUMKUNSTWERKE (n.v.)
Almanach der Hannoverschen Presse für das Jahr 1956, Hannover 1955, S. 101-103.

32) GADIR (n.v.)
(Auszug)
Begleitheft zur Ausstellung: die neue darmstädter sezession zeigt, 8.7.-12.8.56, Wiesbaden, o.O. (Wiesbaden?), o.J. (1956?), unpaginiert, Punkt 7.

33) DARMSTADT (n.v.)
Flinker, Pére & Fils Almanach 1958 (Paris), (Librairie et Maison D'Editions) S. 70-73.

34) 1. BRIEF AN HERRN KASPEREIT; (n.v.)
2. VERSCHOBENE KONTINENTE
(14 Zeilen-Auszug aus dem "steinernen Herz")
Nachrichten der Niedersächsischen Vermessungs- und Katasterverwaltung, 11. Jahrgang, Nr. 4, (Hannover) Okt. 1961, S. 120-123.

35) KOSMAS ODER VOM BERGE DES NORDENS (n.v.)
(Fragment - Schluß)
F.M. van Boesschoten, Deutsche zeitgenössische Literatur. Epik und Dramatik nach 1945, Rotter-

dam, Nimmer-Dralend, o.J. (1967), S. 180-184.

36) UNGENÜGEN AN JESUS (n.v.)
(Auszug aus: Atheist?: Allerdings!)
Der Anspruch Jesu. Ausgewählt und bearbeitet von Werner Trutwin, Düsseldorf, Patmos Verlag 1970, S. 65.

37) EIN INDISKUTABLER RELIGIONSSTIFTER (n.v.)
(Auszug aus: Atheist?: Allerdings!)
Die Welt begreifen. Texte für denkbereite Christen. Hg. v. Günter Böhm, Stuttgart-Berlin, Kreuz Verlag 1971, S. III. 3.

38) DIE WASSERLILIE (n.v.)
Pflichtlektüre. Deutsche Geschichten 1850-1970. Hg. v. Rudolf Klasing, Wabern, Bühler Verlag 1972, S. 295-298.

39) AUS DEM LEBEN EINES FAUNS (n.v.)
(Auszug)
Sprache im technischen Zeitalter, Nr. 60, Okt.-Dez. 1976, S. 329-333 (Kohlhammer Verlag).

40) HAT DAS CHRISTENTUM DIE SUMME DES GUTEN, WAHREN, SCHÖNEN IN DER WELT VERMEHRT? (n.v.)
(Auszug aus: Atheist?: Allerdings!)
Die Kirche. Ausgewählt und bearbeitet von Roman Mensing und Werner Trutwin, hg. v. Werner Trutwin, Düsseldorf, Patmos Verlag 1976, S. 101-103.

41) DER SANFTE UNMENSCH (n.v.)
EINHUNDERT JAHRE NACHSOMMER
(Auszüge)
Textbücher Deutsch. Stilbegriffe und stilisti-

sche Analyse, Freiburg-Basel-Wien, Herder-Verlag 1977, S. 102-114.

42) UNGENÜGEN AN JESUS (n.v.)
(Auszug aus: Atheist?: Allerdings!)
Arbeitshilfe für den evangelischen Religionsunterricht an Gymnasien, Themenfolge 33, Jesus Christus, Teil 1. Bearbeitet v. Klaus Glatz, Erlangen, März 1978, S. 13f.

43) SCHULAUSFLUG (n.v.)
Die schönsten Liebesgeschichten aus Deutschland. Ausgewählt von Christian Strich und Fritz Eicken, Zürich, Diogenes Verlag 1978, S. 315-326.

44) DER SONN' ENTGEGEN ... (n.v.)
Erzähler des S. Fischer Verlages 1886-1978. Hg. v. Knut Beck, Frankfurt, Fischer Taschenbuch Verlag, Herbst 1978, S. 180-190.

45) GESCHICHTEN VON DER INSEL MAN (n.v.)
Die schönsten Geschichten deutscher Erzähler aus den letzten hundert Jahren, Band 2, Stuttgart-Zürich-Wien, Das Beste Verlag 1978, S. 570-573.

46)
1. SEELANDSCHAFT MIT POCAHONTAS; (n.v.)
2. BERECHNUNGEN I;
3. DIE AUSSTERBENDE ERZÄHLUNG;
4. BERECHNUNGEN II;
5. DIE HANDLUNGSREISENDEN;
6. GOETHE UND EINER SEINER BEWUNDERER;
7. NOTIZEN ZU EHREN EINIGER DEUTSCHER SCHRECKENSMÄNNER;
8. 1. NOTEN AUF ROTEM GRUND (...)

Texte und Zeichen. Eine literarische Zeitschrift.

Hg. v. Alfred Andersch, 3 Bände 1955-1957, Nachdruck: Frankfurt, 2001-Verlag 1978, 1940 Seiten.

47) o.T. (n.v.)
(Verschiedene Zitate)
Das zynische Wörterbuch. Ein Alphabet harter Wahrheiten, zugemutet von Jörg Drews & Co., Zürich, Diogenes Verlag (Tb 186) 1978.

48) KLEINER KRIEG (n.v.)
Kleine Bettlektüre für lustige Hannoveraner. Ausgewählt von K. Steiner, o.O. (Bern-Wien-München), Scherz-Verlag, o.J. (1978?), S.135-140.

49) DIE WASSERLILIE (n.v.)
Kleine Bettlektüre für sturmfeste Niedersachsen. Ausgewählt von K. Steiner, o.O. (Bern-Wien-München), Scherz-Verlag, o.J. (1978?), S. 37-44.

50) SCHULAUSFLUG (n.v.)
Kleine Bettlektüre für weltoffene Hanseaten. Ausgewählt von K. Steiner, o.O. (Bern-Wien-München), Scherz-Verlag, o.J. (1978?), S. 123-137.

51) EUROPAS GELEHRTE HIELTEN ZUSAMMEN (n.v.)
Harold Theile, Europa ist jung, Bonn, Europa-Union-Verlag e.V., o.J. (1978?), S. 37-42.

52) o.T.
"Grauqualmende Nebel ..."
(28-zeiliges Gedicht)
Bargfelder Bote. Materialien zum Werk Arno Schmidts. Hg. v. Jörg Drews in Zusammenarbeit mit Arno-Schmidt-Dechiffrier-Syndikat, Lfg. 37/Jan. 1979, S. 15.

53) ENTHYMESIS oder W.I.E.H.
Neue Literatur, Zeitschrift des Schriftstellerverbandes der Sozialistischen Republik Rumänien, 30. Jahrgang, Heft 9, Sept. 1979, S. 64-84.

54) WAHRHEIT? (n.v.)
Vaterland-Muttersprache, Deutsche Schriftsteller und ihr Staat seit 1945. Ein Nachleseband für die Oberstufe mit einem Vorwort von Peter Rühmkorf, zusammengestellt von Klaus Wagenbach, Berlin, Klaus Wagenbach Verlag 1979, S. (?), 305 Seiten.

55) o.T. (n.v.)
Spektrum des Geistes 1979, 78. Jahrgang, Hamburg, Lesen Verlag 1979, S. (?).

56) DAS SCHÖNERE EUROPA
Tintenfass, Magazin für Literatur und Kunst (Großformat), Nr. 1, 1980, S. 63-65.

57) BERECHNUNGEN III
Neue Rundschau, 91. Jahrgang, Heft 1, 1980, S. 6-20.

58) BRIEF AN PETER RÜHMKORF (v. 19.7.56) (n.v.)
Peter Rühmkorf, Begleitheft zur Ausstellung der Stadt- und Universitätsbibliothek Frankfurt vom 4.6.80-12.7.80, Frankfurt, Juni 1980, S. 12.

59) DIE UMSIEDLER
Geschichten aus der Geschichte der Bundesrepublik Deutschland 1949-1979. Hg. v. Klaus Roehler, Darmstadt-Neuwied, Luchterhand Verlag, Sept. 1980, S. 66-76.

60) ZETTEL 1327

(Auszug aus: Zettels Traum)
Jutta Wermke, Literarische Wertung und ästhetische Kommunikation, Frankfurt, Hirschgraben Verlag, ^{6}1980, S. 13.

61) GOETHE UND EINER SEINER BEWUNDERER
(Auszug)
Darmstädter Geschichte(n). Hg. v. F. Deppert, Mitarbeit v. K.E. Schlapp, Darmstadt, Verlag H.L. Schlapp 1980, S. 421-423.

62) TODESSTRAFE BEI SONNENSCHEIN (n.v.)
Das Diogenes Lesebuch moderner deutscher Erzähler, Zürich, Diogenes Verlag 1980, S. 19-21.

63) SCHULAUSFLUG (n.v.)
Erfundene Wahrheit, München, Deutscher Taschenbuch Verlag (Nr. 1529) 1980, S. 422-430

64) SCHWARZE SPIEGEL
(Auszug)
Walter Kempowski, Mein Lesebuch, Frankfurt, Fischer Taschenbuch Verlag 1980, S. 191-195.

65) ER WAR IHM ZU ÄHNLICH
Erzählte Zeit, 50 deutsche Kurzgeschichten der Gegenwart. Hg. v. Manfred Durzak, Stuttgart, Reclam Verlag 1980, S. 105-109.

66) GESCHICHTEN VON DER INSEL MAN (n.v.)
Verteidigung der Zukunft, München, Deutscher Taschenbuch Verlag (Nr. 1530) 1980, S. 236-238.

67) SIEBEN VORSCHLÄGE ZU EINEM KARL-MAY-REGISTER (n.v.)
(zusammengestellt aus Briefen an H. Hatzig)
Hansotto Hatzig, Karl-May-Register, Hamburg, (Sonderheft der Karl-May-Gesellschaft Nr. 27)

1980, S. III.-IV.

68) DAS LAND, AUS DEM MAN FLÜCHTET (n.v.)
Über Alfred Andersch. Hg. v. Gerd Haffmans unter Mitarbeit von Remy Charbon und Franz Cavigelli, Zürich, Diogenes Verlag, 2. wesentlich erweiterte Neuauflage 1980, S. 87-91.

69) AUS DEM LEBEN EINES FAUNS
(Auszug)
Wer hat hier Aspirin benutzt? Ein Medikament in der Weltliteratur. Hg. Bayer AG Leverkusen, o.J. (ca. 1980), S. 60f.

70) DIE MEISTERDIEBE
Von Sinn und Wert des Plagiats
Protokolle, Zeitschrift für Literatur und Kunst, Band 1, 1981, S. 153-173.

71) PREUSSENS GLORIA
(§ 4 aus: Fouqué und einige seiner Zeitgenossen)
Tintenfass, Magazin für Literatur und Kunst, Nr. 2, 1981, S. 231-239.

72) TROMMLER BEIM ZAREN
Die Gegenwart, Deutschsprachige Erzähler der Jahrgänge 1900-1960. Hg. v. Rolf Hochhuth, Band 1, Köln, Kiepenheuer & Witsch Verlag 1981, S. 349-356.

73) SCHWARZE SPIEGEL
Weltuntergangsgeschichten von Edgar Poe bis Arno Schmidt, mit Weltuntergangszeichnungen (...). Kompiliert vom Diogenes-Katastrophen-Kollektiv, Zürich, Diogenes Verlag (Taschenbuch), (2. erweiterte) Auflage 1981, S. 245-329.

74) o.T.

"Mit 16 ..."
(4 Zeilen Auszug aus: Dichter & ihre Gesellen, Jules Verne)
Über Arthur Schopenhauer. Hg. v. Gerd Haffmans. Mitarbeit von Claudia Schmölders, Zürich, Diogenes Verlag, 3. erneut erweiterte und verbesserte Auflage 1981, S. 281.

75) MEINE BIBLIOTHEK
Protokolle, Zeitschrift für Literatur und Kunst, Band 1, 1982, S. 54-60.

76) ZWISCHENWORT ZUR POE=FRAGE
(Brief an Hans Wollschläger vom 3.11.64, Brief an die Herausgeber der Poe-Ausgabe, Walter-Verlag, Olten: Kuno Schuhmann und Hans Dieter Müller, datiert mit: 2.9 bris.)
Der Rabe, Magazin für jede Art von Literatur Nr. 1, Sept. 1982, S. 24-34.

77) KLEINE GRAUE MAUS
In Laurins Blick, das Buch deutscher Phantasten. Hg. v. Kalju Kirde. Redaktion: Bernd Rauschenbach, Düsseldorf-Köln, Eugen Diederichs Verlag 1982, S. 273-278.

78) 1. BRIEF AN HANS RIEBESEHL vom 31.10.76
2. BESCHREIBUNG EINER SCHULE UND EINER KLASSE
(Rundschreiben an die Klassenkameraden)
3. MEINE ERINNERUNGEN AN HAMBURG-HAMM
(sowie ca. 100 Glossen und Anmerkungen)
Porträt einer Klasse, Arno Schmidt zum Gedenken. Hg. v. Ernst Krawehl, Frankfurt, S. Fischer Verlag 1982, 1. S. 350, 2. S. 352-355, 3. S. 139-170.

79) BRIEFAUSZÜGE AN HANS WOLLSCHLÄGER UND SEINE VERLEGER

Arno Schmidt Preis 1982 (Festschrift: Preisträger Hans Wollschläger), Bargfeld, (Arno Schmidt Stiftung) 1982, S. 14-16 (JP Reemtsma zitiert die Briefstellen innerhalb seiner Rede: 'Die Reinen').

80) 1. o.T.
(5 Zeilen Auszug aus: Das steinerne Herz);
2. EHRENSTEIN'S ISKANDAR;
3. ULYSSES IN DEUTSCHLAND;
4. (DAS RABEN-RÄTSEL): HALTET IHN!
Der Rabe, Magazin für jede Art von Literatur, Nr. 2, März 1983, 1. im unpaginierten Vorspann, 2. S. 100-101, 3. S. 206-214, 4. S. 251-254.

81) MARY LADY MONTAGUES ERLEBNIS IN DEM SERAIL
Der Rabe , Magazin für jede Art von Literatur, Nr. 3, Mai 1983, S. 179-183 (sowie Auflösung des Raben Rätsels aus: Der Rabe II, S. 251).

82) DER DICHTER UND DIE KRITIK
Der Rabe, Magazin für jede Art von Literatur, Nr. 4 , Sept. 1983, S. 19-22.

83) o.T.
"Armeen stampfen ..."
(Sonett I. aus Lillis Sonettenkranz)
Vorankündigung der Arno-Schmidt-Festschrift 1984, Arno Schmidt Stiftung, Bargfeld-Zürich, Herbst 1983, 4 Seiten.

84) ABEND MIT GOLDRAND
(Reproduktion einer Seite)
Syntaxis, Nr. 2, 1983, (Las Palmas), S. 18f.

85) BRIEFE AN WERNER STEINBERG

Sinn und Form, Beiträge zur Literatur, 35. Jahr, 5. Heft 1983, S. 1068-1084.

86) ABU KITAL. VOM NEUEN GROSSMYSTIKER
Karl May. Hg. v. Helmut Schmiedt, Frankfurt, Suhrkamp Taschenbuch Verlag 1983, S. 45-74.

87) UNDINE STAMMT AUS NIEDERSACHSEN (n.v.)
Niedersächsisches Lesebuch. Ausgewählt und eingeleitet von J. Eyssen und D. Storch, Hildesheim, Gerstenberg Verlag 1983, S. 528-533.

88) 1. ATHEIST?: ALLERDINGS!;
2. ANTWORT AUF FRAGEN DER 'ZEIT'
Der Rabe, Magazin für jede Art von Literatur, Nr. 5, Jan. 1984, 1. S. 43-54, 2. S. 211-214.

89) EIN SCHMUTZ= UND SCHUND=AUTOR
(Brief an Werner Steinberg vom 2.9.55 nebst kurzem Auszug aus dem Arbeitsexemplar Arno Schmidts: James Joyce: Finnegans Wake, S. 293)
Der Rabe, Magazin für jede Art von Literatur, Nr. 6, Frühling 1984, S. 33-35.

90) AUF DEM RÜCKEN ERZÄHLT
Der Rabe, Magazin für jede Art von Literatur, Nr. 7, Sommer 1984, S. 143-146.

91) 1. o.T.
"Armeen stampfen ..."
(Sonett XV. aus Lillis Sonettenkranz);
2. EIN BRIEF AN HEINZ JEROFSKY (vom 22.11.35);
3. AUS DEM BRIEFWECHSEL MIT ALFRED ANDERSCH
(3 Briefe von Arno Schmidt, 2 von A. Andersch)
1. Gesamtverzeichnis der Editionen der Arno Schmidt Stiftung, Bargfeld-Zürich, Arno Schmidt Stiftung-Haffmans Verlag, Herbst 1984, 1. S. 16,

2. S. 12, 3. S. 8-10.

92) DAS TIEFE AMÜSEMENT
Aus dem Briefwechsel Arno Schmidt/Alfred Andersch
(Je 2 Briefe)
Der Rabe, Magagin für jede Art von Literatur,
Nr. 8, Herbst 1984, S. 21-29.

93) o.T.
(Auszüge aus den Briefwechseln mit Alfred
Andersch und Werner Steinberg)
Verlagsprospekt ("Arno Schmidt und seine Verleger"), Zürich, Haffmans Verlag, o.J. (Dez.
1984), S. 2-8.

94) LILLIS SONETTENKRANZ
Zum 24. Juni 1951
Arno Schmidt Preis 1984 für Wolfgang Koeppen,
Bargfeld, Arno Schmidt Stiftung 1984, S. 29-37.

95) ANMERKUNGEN DES ÜBERSETZERS
Das Dubliner Tagebuch des Stanislaus Joyce
Hg. v. G.H. Healy. Deutsch von Arno Schmidt,
Frankfurt, Suhrkamp Taschenbuch Verlag 1984,
S. 15-17.
(Weiterhin sind verschiedene Anmerkungen Schmidts
zum Text auf den entsprechenden Seiten).

96) 1. o.T.
(Postkarte: "Lieber Herr Rühmkorff" (!)
vom 27.12.57)
2. o.T.
(Gedicht: "Nicht nur..." =Widmungsgedicht
aus: Das steinerne Herz, 1956)
Peter Rühmkorf, Bleib erschütterbar und widersteh, Aufsätze-Reden-Selbstgespräche, Reinbek
bei Hamburg, Rowohlt Verlag, August 1984, 1.
S. 116f., 2. S. 118f.

97) SCHULAUSFLUG
Die schönsten Liebesgeschichten aus Deutschland. Ausgewählt von Christian Strich und Fritz Eicken, Zürich, Diogenes (Taschenbuch) Verlag 1984, S. 315-326.

98) VERBRÜDERUNG
Zettelkasten 3, Aufsätze und Arbeiten zum Werk Arno Schmidts, Arno Schmidt Tagung in Bensheim Juni 1984. Hg. v. Karl-Heinz Brücher, Frankfurt, Bangert & Metzler 1984, S. 73.

99) STIGMA DER MITTELMÄSSIGKEIT
Der Rabe, Magazin für jede Art von Literatur, Nr. 9, Vorfrühling 1985, S. 9-13.
(Im Vorspann findet sich ua. auch ein 7-zeiliges Schmidt-Zitat: "Müde vom ...").

100) 1. o.T.
("A.: Was ...", Kurzer Auszug aus: Wieland oder die Prosaformen);
2. OFFENER BRIEF
Der Rabe, Magazin für jede Art von Literatur, Nr. 10, Sommer 1985, 1. S. 6, 2. S. 125.

101) ICH BIN ERST SECHZIG
Deutsche Erzähler 1920-1960. Hg. v. Hans Bender, Stuttgart, Reclam Verlag 1985, S. 342-344.
(Erschienen als Taschenbuch und als geb. Ausgabe).

102) DIE INSEL
Faksimile des frühesten erhaltenen Erzählfragments Arno Schmidts (geschrieben in Lauban 1937). Privatdruck der Arno Schmidt Stiftung in 100 numerierten Exemplaren für Freunde und Bekannte Hans Wollschlägers aus Anlaß seines 50. Geburtstags, Göttingen-Bargfeld, Arno Schmidt Stiftung 1985.

103) DAS STEINERNE HERZ (n.v.)
(Kurzer Auszug)
Aufbaujahre. Drei Fotografen. F. Eschen, F.C. Gundlach, O. Borutta, Berlinische Galerie 1985, S. 30.

104) VOM BÜCHERFREUNDE
(1. Gespräch aus: Dichtergespräche im Elysium)
Geschichten vom Buch. Eine Sammlung von Klaus Schöffling, Frankfurt, Insel Verlag 1985, S. 29-35.

Nachtrag:

79a) EINES HÄHERS: "TUE!" UND 1014 FALLEND.
Das Tagebuch und der moderne Autor, Texte von Günther Anders ua. Hg. v. Uwe Schultz, Frankfurt-Berlin-Wien, Ullstein Verlag 1982, S. 110-126.

98a) ÜBER "THE MOOKSE AND THE GRIPES"
Robert Weninger, The Mookse and The Gripes
Ein Kommentar zu James Joyce "Finnigans Wake", München, edition text und kritik 1984, S. 219-222, (=Sonderlieferung Bargfelder Bote).

1.4 RUNDFUNKSENDUNGEN

105) PANORAMA VON ZETTELS TRAUM
Eine Selbstanzeige
Manuskript der Radiosendung vom 29.4.69
(Bock: 1.4.69.4.29), 32 Seiten DIN A 5.

106) AM FERNROHR
HR 3, 12.2.71, 16.45 Uhr (Schulfunk).

107) AM FERNROHR
HR 1, 19.2.71, 10.20 Uhr (Schulfunk).

108) SOMMERMETEOR
SR, 2.2.75.

109) TROMMLER BEIM ZAREN
HR, 16.6.75.

110) SOMMERMETEOR
ORF Salzburg, 17.3.76.

111) TROMMLER BEIM ZAREN
SFB, 14. u. 15. 12. 76.

112) SATANSTOE
RB, 20.2.77.

113) SATANSTOE
NDR, 21., 22., 23. u. 24. 2. 77.

114) SATANSTOE
WDR, 8.4.77.

115) WINDMÜHLEN
HR, 30.7.77.

116) WINDMÜHLEN
HR, 1.8.77.

117) TAUSENDMORGEN
NDR, 20., 21., 22. u. 23.3.78.

118) DIE ROTEN
HR, 22.4.78.

119) DIE ROTEN
HR, 14.5.79.

120) RIVALEN
Deutsche Welle, 8.7.79.

121) AUS DEM LEBEN EINES FAUNS
Lesung aus dem Celler Schloßtheater,
NDR, 7. u. 14.12.79 u. 11.1.80.

122) KÜHE IN HALBTRAUER
SFB 1, 15.5.80, 09.00 Uhr, 40 Min.

123) DER VOGELHÄNDLER VON IMST
Gespräch über Carl Spindler, sowie über die
Historie des Romans
SWF, 31.5.1980.

124) KÜHE IN HALBTRAUER
SFB 1, 25.5.80, 19.05-19.55 Uhr.

125) DIE GELEHRTENREPUBLIK
(Auszug)
SWF 2, 5.6.80, 50 Min.

126) KÜHE IN HALBTRAUER
BR 2, 16.7.80, 26'10".

127) DIE GELEHRTENREPUBLIK
(Auszug in dänischer Sprache)

Dänischer Rundfunk (Ende 1980).

128) CONANCHET ODER DIE BEWEINTE VON WISH-TON-WISH
BR, 15.12.80.

129) KÜHE IN HALBTRAUER
SFB 1, 4.1.81, 35 Min.

130) WINDMÜHLEN
HR 1, 13.8.81.

131) 5 JAHRE NACH DEM KRIEG
(Lesung aus: Brand's Haide und Die Umsiedler)
Hans Peter Kensy, Arno Schmidt: Brand's Haide, SDR 2, 30.11.81, 17.45-18.30 Uhr, Ms. 5 Seiten.

132) DIE ABENTEUER DER SYLVESTERNACHT
HR 31.12.81, 15.15-16.00 Uhr.

133) DIE UMSIEDLER
(Lesung von Auszügen)
Fend/H. Suhrbier: Gespräch über die erste Textauswahl Arno Schmidts in der DDR.
WDR 2, Budengasse, Kultur live mit Musik, 5.12.82, 15.00-18.00 Uhr (ca. 1 Stunde).

134) SCHWARZE SPIEGEL
(Lesung von Auszügen)
HR 2, 4.1.83, 15.30-16.00 Uhr, Redaktion Karl Corino, Ms. 5 Seiten.

135) SCHWARZE SPIEGEL
Lesung von Hans-Helmut Dickow
HR 2, 14.1.84, 22.30 Uhr, 16.1.84, 09.00 Uhr, 19.1.84, 09.00 Uhr.

136) ... DENN 'WALLFLOWER' HEISST 'GOLDLACK'

Ein Versuch über Edward Bulwer-Lytton
NDR 3, 29.1.84, 21.45 Uhr.

137) KÜHE IN HALBTRAUER
Lesung von Arno Schmidt
HR 2, Kulturmagazin Alternative, 21.6.84.

138) o.T.
Ausschnitte eines Interviews aus dem Jahre 1961
ARD-Fernsehen, Kulturwelt Bücherjournal, 7.5.85, 23.15-24.00 Uhr (ca. 5 Min.).

139) BRAND'S HAIDE (8)
(Lesung)
HR 2, 24.5.85, 15.30-16.00

1.5 ÜBERSETZUNGEN DER WERKE ARNO SCHMIDTS

140) o.T. (n.v.)
(Auszug aus: Brand's Haide)
Duitse na-oorlogse literatur. Ruines en visionen. Hg. v. Rolf Italiaander, Graveland 1952, S. 157-160, (holländisch).

141) IL CUORE DI PIETRA (n.v.)
(Auszug aus: Das steinerne Herz)
Il dissenso, 19 nuovi scrittori tedeschi. Hg. v. Hans Bender, Mailand, Giangiacomo Feltrinelli Editore 1962, S. 313-320, Übersetzer: Emilio Picco, (italienisch).

142) Af "SØLANDSKAP MED POCAHONTAS" (n.v.)
(Auszug aus: Seelandschaft mit Pocahontas)
Vindrosen, 11. Jahrgang, Nr. 6, 1964, Kopenhagen, Gyldendal, S. 3-13, Übersetzer: Birte Svensson, (dänisch).

143) RETKIKUNTA (n.v.)
(Leviathan)
uutta saksalaista proosaa. Ausgesucht v. H.M. Enzensberger, Helsinki 1965, S. 7-41, Übersetzer: Matka Jonnekin, (finnisch).

144) ?QUE DEBO HACER? (n.v.)
(Was soll ich tun?)
Narrativa Alemana de Hoy. Hg. v. Fernando Salas y Horst Hina, Barcelona, rota tiva 1975, S. 108-111, (spanisch).

145) (Titel in Kyrillisch) (n.v.)
(Er war ihm zu ähnlich)
Zeitgenössische deutsche Erzähler (Hg. nicht

entzifferbar), Skopje (Jugoslawien), 1976, S. 72-77, (makedonisch).

146) MOMENTOS DE LA VIDA DE UN FAUNO
(Aus dem Leben eines Fauns)
Madrid, Editorial Fundamentos Espiral, 1978, 203 Seiten, Übersetzer: Luis Alberto Bixio, (spanisch).

147) CALCULS I., II. (n.v.)
(BERECHNUNGEN I., II.)
Po&sie (Librairie Classique), 1979, Nr. 8, (Eugéne Belin, Paris), S. 100-115, (französisch).

148) THE EGGHEAD REPUBLIC
a Short Novel from the Horse Latitudes
(Die Gelehrtenrepublik)
London und Boston, Marion Boyars Publishers 1979, 164 Seiten, Übersetzer: Michael Horovitz, (englisch, Erscheinungstermin in den USA war im Jahre 1980).

149) EVENING EDGED IN GOLD
A Fairytale fArse/55 Scenes from the Cu/ountryside for Patrons of Ero/rata.
(Abend mit Goldrand)
London und Boston, Marion Boyars Publishers 1980, 215 Seiten (hardcover), Übersetzer: John E. Woods, (englisch, seitengleiche Ausstattung wie die deutsche Ausgabe).

150) PARASÉLÈNE ET YEUX ROSES
(Nebenmond und rosa Augen)
Faix, Revue littéraire et artistique, Montigny les Metz, Heft 6/7, 1981 IV., S. 140-146, Übersetzer: Claude Riehl, (französisch, S. 138 findet sich eine Reproduktion einer Seite aus

Abend mit Goldrand).

151) LA REPUBLICA DE LOS SABIOS
(Die Gelehrtenrepublik)
Barcelona, Ediciones Minotauro, ^{2}1981,
183 Seiten, Übersetzer: Luis Alberto Bixio,
(spanisch, vormals 1973, Argentinien).

152) DEN LAERDE REPUBLIK
(Die Gelehrtenrepublik)
Viborg, Forfatternes Forlag Arena, o.J. (1981),
190 Seiten, Übersetzer: Christel Egebak Stoll,
(dänisch).

153) ALESSANDRO O DELLA VERITÀ
(ALEXANDER oder Was ist Wahrheit)
Turin, Giulio Einaudi editore 1981, (1. Edition
inder Reihe 'Nuovi Coralli'), 258 Seiten,
Übersetzer: Emilio Picco, (italienisch, zuvor
Turin 1965, Reihe: Ricerca letteraria).
5- 39 Gadir ovvero Conosci te stesso
41- 82 Enthymesis ovvero Q.V.O.
83-144 Alessandro o Della Verità
145-253 Cosma ovvero La montagna del nord.

154) THE EGGHEAD REPUBLIC
a Short Novel from the Horse Latitudes
(Die Gelehrtenrepublik)
London und Boston, Marion Boyars Publishers
1982, 164 Seiten, Übersetzer: Michael Horovitz,
(englisch, Paperback-Version).

155) TWO STORIES: GREAT CAIN;
TALL GRETE
(Großer Kain, Die große Grete)
Partisan Review, 1982, Nr. 1 (XLIX), Boston,
S. 75-91 (75-90; 90-91), Übersetzer: John E.

Woods, (englisch).

156) EL CORAZÓN DE PIEDRA
(Auszug aus: Das steinerne Herz)
Syntaxis, Nr. 2, 1983, (Las Palmas), S.3-13, Übersetzer: Jaime Siles (Widmungsgedicht wurde von Tomás Maldonado übersetzt), (spanisch).

157) SCENES FROM THE LIFE OF A FAUN (n.v.)
a Short Novel
(Aus dem Leben eines Fauns)
London und New York, Marion Boyars Publishers 1983, 159 Seiten, Übersetzer: John E. Woods, (englisch).

158) (Titel in japanischer Sprache)
(Eines Hähers: "TUE!" und 1o14 fallend)
Das Tagebuch und der moderne Autor. Hg. v. Uwe Schultz, Tokyo, Hosei University Press 1983, S. 137-156, Übersetzung durch Orion Press, (japanisch).

159) TÚLSÁGOSAN HASONLITOTT
(Er war ihm zu ähnlich)
King Kong Gyermekei, Budapest, Verlag Szépirodalmi Könyvkiedó 1983, S. 73-75, (ungarisch).

160) GADIR OU RECONNAIS -TOI TOI-MÊME
(Gadir oder Erkenne die selbst)
Passé Présent, 1984, Nr. 4, S.11-36, Übersetzer: Dominique Dubuy und Pierre Pachet, (französisch).

161) EL CORAZÓN DE PIEDRA
Una novela histôrica del ano 1954
(Das steinerne Herz)

Madrid 1984, 223 Seiten, Übersetzer: Jaime Siles und Ela Fdez (das Eingangsgedicht übersetzte Tomás Maldonado), (spanisch).

Nachtrag: (Daten konnten nicht vollständig ermittelt werden)

(Tina)

Winfried-Paul Sdun, Traduire=Lire. Peut-on traduire Arno Schmidt? Memoire de maitrise. Université de Toulouse - Le Mirail 1983.

1.6. ÜBERSETZUNGEN DURCH ARNO SCHMIDT

162) STANISLAUS JOYCE
DER TOD DER MUTTER
(Auszug aus: Meines Bruders Hüter)
Dichten und Trachten. Jahresschau des Suhrkamp Verlages, Berlin-Frankfurt, Suhrkamp Verlag, Frühjahr 1960, S. 5-9.

163) STANISLAUS JOYCE
VERMUTLICH IST JIM EIN GENIE
(Auszug aus: Das Dubliner Tagebuch des Stanislaus Joyce)
Dichten und Trachten. Jahresschau des Suhrkamp Verlages, Frankfurt, Suhrkamp Verlag, 1. Halbjahr 1964, S. 55f.

164) R.G. WALDECK
VENUS AM ABENDHIMMEL
Talleyrands letzte Liebe. Roman. (Aus dem Amerikanischen von Maria Wolff), Hamburg, Rowohlt Verlag, August 1966, 495 Seiten.
(Es handelt sich um die um ca. ein Drittel erweiterte Fassung der deutschen Erstauflage von 1951. Arno Schmidt übersetzte, da Maria Wolff aus unbekannten Gründen nicht mehr zur Verfügung stand, diese vorher fehlenden Stellen. Er wollte allerdings nicht als Übersetzer genannt werden. Das Typoskript von Schmidts Übersetzung wurde in seinem Nachlaß gefunden und liegt bei der Stiftung in Bargfeld. Ein Textvergleich beider Fassungen steht noch aus.).

165) EDGAR ALLAN POE
SIOPE
Eine Fabel im Stil der Psychological Autobio-

graphists
(Auszug)
Siope, Nr. 1, 1978 (Wolf Kotter Verlag, Freiburg, S. 13-15.

166) EDGAR ALLAN POE
FRIEDRICH DE LA MOTTE-FOUQUÉ: UNDINE
F.M.-F., Undine und andere Erzählungen. Hg. v. Ralph-Rainer Wuthenow, Frankfurt, Insel Verlag 1978, 213 Seiten, S. 193-203.

167) EDGAR ALLAN POE (n.v.)
BERENICE
Karl Korab, Berenice, 10 Radierungen, o.O., 1978.

168) STANLEY ELLIN
TOD AM WEIHNACHTSABEND
Der Connaisseur. Ungewöhnliche, kuriose und gar schauerliche Geschichten für den Literaturfreund, ausgewählt von Mary Hattungen, Zürich, Diogenes Verlag 1978, S. 181-200, (vorher: Zürich 1962, nicht in Bock, 1979).

169) STANLEY ELLIN
DIE GEORDNETE WELT DES MR. APPLEBY
S.E., Die geordnete Welt des Mr. Appleby. Zwei Kriminalerzählungen, schumm sprechende bücherCassette 1052, o.O. (Murrhardt), E. Schumm-Verlag, 1979.
(neben der Titelgeschichte noch: Hochleistungswerkzeuge GmbH).

170) EDGAR ALLAN POE
DAS GESAMTE WERK IN ZEHN BÄNDEN
Hg. v. Kuno Schumann und Hans Dieter Müller. Deutsch von Arno Schmidt und Hans Wollschläger ua., Herrsching, Manfred Pawlak Verlag

1979, 4266 Seiten.
(Diese Ausgabe ist textidentisch mit der vierbändigen Originalausgabe, Bock: 1.6.16.0.1 bis 1.6.16.0.4).

171) EDGAR ALLAN POE (n.v.)
DER FALL DES HAUSES ASCHER
Frankfurt, Suhrkamp Verlag 1979, 180 Seiten, (Arno Schmidt übersetzte die Seiten 17-111, darin verschiedene Erzählungen: Manuskriptfund in einer Flasche, Schatten-eine Parabel, Berenice, Siope-eine Fabel, Ligeia, Der Fall des Hauses Ascher, William Wilson ua.).

172) EDGAR ALLAN POE (n.v.)
DAS TAGEBUCH DES JULIUS RODMAN
Ein Bericht von der ersten Durchquerung der Rocky-Mountains von Nordamerika, die der zivilisierten Menschheit je gelungen ist, Darmstadt-Neuwied, Luchterhand Verlag 1979.

173) EDGAR ALLAN POE (n.v.)
MEISTERERZÄHLUNGEN
Aus dem Englischen übersetzt von Arno Schmidt und Hans Wollschläger, Zürich, Manesse 1979.
63- 87 Ligeia
88-117 Der Fall des Hauses Ascher
255-289 William Wilson.

174) EDGAR ALLAN POE
UMSTÄNDLICHER BERICHT DES ARTHUR GORDON PYM VON NANTUCKET
München, Deutscher Taschenbuch Verlag 1979, 261 Seiten.

175) EDGAR ALLAN POE
DER FALL DES HAUSES ASCHER
E.A.P., Der Mord in der Rue Morgue und andere Erzählungen. Lizenzausgabe für die Europäische

Bildungsgemeinschaft, Stuttgart ua. Illustriert v. C.W. Rauch, Gütersloh, (Deutscher Bücherbund), o.J. (1979?), S. 7-29.

176) STANLEY ELLIN
DIE SPEZIALITÄT DES HAUSES
Kriminalerzählung
schumm sprechende BücherCassette 1051, o.O. (Murrhardt), E. Schumm Verlag 1979.

177) HAMMOND INNES
DER WEISSE SÜDEN
Aus dem Englischen von Arno Schmidt
Bergisch Gladbach, Gustav Lübbe Verlag 1980, 329 Seiten.

178) EDGAR ALLAN POE (n.v.)
UMSTÄNDLICHER BERICHT DES ARTHUR GORDON PYM VON NANTUCKET
Frankfurt, Büchergilde Gutenberg 1980.

179) STANLEY ELLIN
TOD AM WEIHNACHTSABEND
5 Kriminalerzählungen
schumm sprechende BücherCassette 1138, o.O. (Murrhardt), E. Schumm Verlag 1980.

180) EVAN HUNTER (n.v.)
FREMDE, WENN WIR UNS BEGEGNEN
München, Lichtenberg Verlag 1980, 525 Seiten.

181) HANS RUESCH
AUTORENNEN
Startschuß. Literarische Sporterzählungen. Hg. v. Uwe Natus, Würzburg, Georg Popp Verlag (Arena) 1980, S. 49-58.
(Arno Schmidt wird nicht als Übersetzer genannt, aus H.R.: Rennfahrer 1955).

182) EDGAR ALLEN POE (n.v.)
FASZINATION DES GRAUENS
Deutsch von Arno Schmidt und Hans Wollschläger, München, Deutscher Taschenbuch Verlag 1981, 211 Seiten.

183) EVAN HUNTER
HARLEM FIEBER
Roman. Aus dem Amerikanischen von Arno Schmidt, München, Lichtenberg Verlag 1981, 358 Seiten. (Erstmals in deutscher Sprache unter dem Titel: Recht für Rafael Morrez, im Nannen Verlag, 1960).

184) STANLEY ELLIN
DIE METHODE SEGENSREICH
Bern-München-Wien, Scherz Verlag, [2]1982, 139 Seiten.
("Einzig berechtigte Übertragung aus dem Amerikanischen von Kristin Wallstroem und Arno Schmidt", die Ausgabe bringt keine Aufschlüsselung über die Übers
Stücke, die 1. Auflage, 1975, trägt den Titel: Die Segensreich-Methode).
21- 44 Verräter
45- 70 Die Gesellschaft in der Villa
71- 86 Der Börsenpfeil
87-118 Der Augenblick der Entscheidung.

185) WILLIAM FAULKNER
NEW ORLEANS
Skizzen und Erzählungen. Aus dem Amerikanischen von Arno Schmidt, Zürich, Diogenes Verlag 1982, 225 Seiten.
7- 34 Zu diesen Skizzen (Vorwort von C. Collins)
35-225 New Orleans.

186) SLOAN WILSON
DER MANN IM GRAUEN FLANELL
Aus dem Amerikanischen von Arno Schmidt, Frank-

furt, Fischer Taschenbuch Verlag 1982,
304 Seiten.
(Diese Ausgabe wurde vom Verlag bald wieder zurückgezogen, weil Schmidt schon bei der Erstausgabe, 1956, gegen die eigenmächtigen Eingriffe des Verlages in seine Übersetzung protestiert hatte und gegen die Nennung seines Namens in der Ausgabe war. Es heißt jetzt: "Berechtigte Übertragung aus dem Amerikanischen").

187) EVAN HUNTER
FREMDE, WENN WIR UNS BEGEGNEN
Roman. Aus dem Amerikanischen von Arno Schmidt, Reinbek bei Hamburg, Rowohlt Tschenbuch Verlag 1982, 439 Seiten.

188) EDGAR ALLAN POE (n.v.)
1. DISPUT MIT EINER MUMIE;
2. DIE METHODE DR. THEAR & PROF. FEDDERS
E.A.P., Der Teufel im Glockenturm und andere groteske Erzählungen, München, Deutscher Taschenbuch Verlag 1983, 1. S. 95-117, 2. S. 118-142.

189) EDGAR ALLAN POE (n.v.)
GRUBE UND PENDEL UND ANDERE ERZÄHLUNGEN
Übersetzt von Hans Wollschläger und Arno Schmidt, Stuttgart, Klett-Verlag (Leseheft) 1983, S. 4-91.

190) EDGAR ALLAN POE
WILLIAM WILSON
E.A.P., Phantastische Träume. Hg. v. F. Rottensteiner, Frankfurt, Suhrkamp Verlag 1983, S. 234-258.

191) JAMES FENIMORE COOPER
SATANSTOE
Bilder aus der amerikanischen Vergangenheit I.

Roman. Deutsch von Arno Schmidt, Frankfurt, Fischer Taschenbuch Verlag, Oktober 1983, 591 Seiten.
(Schemaskizze auf S. 410 von Arno Schmidt).

192) JAMES FENIMORE COOPER
TAUSENDMORGEN
Bilder aus der amerikanischen Vergangenheit II. Roman. Deutsch von Arno Schmidt, Frankfurt, Fischer Taschenbuch Verlag, Oktober 1983, 565 Seiten.
(Schemaskizze auf S. 33 von Arno Schmidt).

193) JAMES FENIMORE COOPER
DIE ROTEN
Bilder aus der amerikanischen Vergangenheit III. Roman. Deutsch von Arno Schmidt, Frankfurt, Fischer Taschenbuch Verlag, Oktober 1983, 633 Seiten.

194) EVAN HUNTER
HARLEM FIEBER
Aus dem Amerikanischen von Arno Schmidt, Bergisch Gladbach, Gustav Lübbe Verlag 1983, 304 Seiten.
(Erstmals in deutscher Sprache unter dem Titel: Recht für Rafael Morrez, im Nannen Verlag, 1960).

195) ARNO SCHMIDTS ARBEITSEXEMPLAR VON FINNEGANS WAKE BY JAMES JOYCE
Faksimile des von Arno Schmidt mit verschiedenen Bunt- und Bleistift-Untersteichungen, Randglossen und Kleinstübersetzungen versehenen Exemplars der Ausgabe von 1950. Beigegeben ist die etwas verkleinerte Wiedergabe der 24 Typoskript-Blätter mit den Übersetzungsbeispielen, im

Original 30,2x59,8 cm, Zürich, Haffmans Verlag, 18.1.84, 1. Arbeitsexemplar mit 628 plus II Seiten, 2. Faksimile der 24 Typoskript-Blätter, zusammen in Kassette. (Erschienen als Edition der Arno Schmidt Stiftung im Haffmans Verlag in einmaliger Auflage von 1131 Exemplaren: 1001 Stück sind für den Buchhandel bestimmt, 30 Stück als Belegexemplare für Rechtsinhaber, Stiftung und Verlag, 100 Freiexemplare für öffentliche Bibliotheken).

196) STANLEY ELLIN (n.v.)
DIE GEORDNETE WELT DES MR. APPLEBY
Blaubarts Geheimnis. Märchen und Erzählungen, Gedichte und Stücke. Hg. v. Hartwig Suhrbier, Düsseldorf, Diederichs Verlag 1984, 222 Seiten (ca. 25 Seiten).

197) STANISLAUS JOYCE
DAS DUBLINER TAGEBUCH DES STANISLAUS JOYCE
Hg. v. George Harris Healy. Deutsch von Arno Schmidt, Frankfurt, Suhrkamp Taschenbuch Verlag 1984, 209 Seiten.
7- 14 Vorwort des Herausgebers
15- 17 Anmerkung des Übersetzers
90-197 Das Dubliner Tagebuch
199- Register I, Werke James Joyce's
201-205 Register 2, Personen, Sachen, Orte, etc.

198) WILLIAM FAULKNER
NEW ORLEANS
Skizzen und Erzählungen. Aus dem Amerikanischen von Arno Schmidt. Mit einem Vorwort von Carvel Collins, Frankfurt, S. Fischer Verlag 1985, 212 Seiten.
7- 38 Zu diesen Skizzen (Vorwort)
39-212 New Orleans
(Offensichtliche Satzfehler wurden korrigiert).

2. SEKUNDÄRLITERATUR

2.1 SELBSTÄNDIGE VERÖFFENTLICHUNGEN

1) BARGFELDER BOTE

Materialien zum Werk Arno Schmidts
Hg. v. Jörg Drews in Zusammenarbeit mit Arno-Schmidt- Dechiffrier-Syndikat (ab Lfg. 5o in Zusammenarbeit mit redaktionellen Beratern).
München, edition text & kritik, 1972ff.

Lfg. 35-36/Dez. 1978. Trommler beim Zaren II
Günther Flemming: Wunderliches Fatum eines Landmessers und einiges von Sinn und Wert des Dechiffrierens; Gerhard H. Kahlert: Einige Bemerkungen zu Schmidts Funkessay "Krakatau"; Hinweise.

Lfg. 37/Jan. 1979. Schule der Atheisten II
Rudi Schweikert: "Wir lebm alle wie in ei''m kolossal'n Roman." Zur Zitierkunst Arno Schmidts in der "Schule der Atheisten"; Karl H. Brücher: Bemerkungen zu einem Unpolitischen. Zu Gerhart (!) H. Kahlerts Beitrag im BB, Lfg. 35-36; Hinweise des Herausgebers.

Lfg. 38-39/Juni 1979. Carroll und Schmidt
Helmut Heißenbüttel: Schnappschüsse aus Bargfeld. Arno Schmidt zum 65. Geburtstag abgeschrieben 2o Tage nach seinem Tod; Günther Flemming: Elsie[1] & Arno oder: Grüßt man so einen Vater?; Robert Becker: Zur Proust-Rezeption bei Schmidt.

Lfg. 40/Okt. 1979. Tieck und Schmidt
Günter Jürgensmeier: 'Meine Liebeserklärung'; Rolf Vollmann: Aufs Leben kommt es nicht an. Das Schreiben gilt mehr/Zum Tod von Arno Schmidt; Anmerkungen des Herausgebers.

Lfg. 41-42/Februar 1980. Abend mit Goldrand I
Kurt Jauslin: Die Welt im Kopf des einen. Über die Rolle der "variedad del mundo" des Hieronymus Bosch in Arno Schmidts "Abend mit Goldrand"; Mitteilungen des Herausgebers.

Lfg. 43-44/ März 1980.
Josef Huerkamp: Lücken im "Gesamtwerk". Hinweise auf das ungeschriebene/unpublizierte Werk Arno Schmidts; Klaus Pauler : Der Hausfreund: Arno Schmidt. Ein Nachruf auf einen Anderen ?

Lfg. 45/ April 1980.
Dieter Kuhn: NDK 31: "-mm: haben Sie sich mal mit Filosofie beschäftigt?= Kant. Schopenhauer." (munter): "und so weiter?"

Lfg. 46-48/Juli 1980. Zettels Traum VII
Gerd Bauer ua.: (Einzelstellenkommentare); Mitteilungen des Herausgebers.

Lfg. 49/September 1980. Zitate, "Plagiate" und ähnliches
Werner Morlang: Auch ein großer Mann. Zitieren als essayistisches Verfahren; Michael Schneider: Allusionen, Plagiate und Schmidt. Einige Nachweise.

Lfg. 5o/Januar 1981. Varia
Jörg Drews: Zur 50. Lieferung des Bargfelder Boten; Eberhard Schlotter: Brief; Brief der Deutschen Dienststelle Berlin für die Benachrichtigung der nächsten Angehörigen von Gefallenen der ehemaligen deutschen Wehrmacht (Über die Wehrmachtszugehörigkeit Arno Schmidts); F. Peter Ott: Comments on the occasion of the publication of "Evening Edged in Gold" by Arno Schmidt; Helmut Schulze: :"-:king!"- (ZT 4);

Helmut Kracke: Seelandschaft mit Schmidt und Scheffel. Zu dem im BB Lfg. 37, S. 15 mitgeteilten Gedicht Arno Schmidts.

Lfg. 51-52/April 1981.
Michael Manko: "Ein Sommernachtstraum" und "Zettels Traum". Eine Quellenstudie; Gehört, gelesen, zitiert; Hinweis des Herausgebers.

Lfg. 53/Mai 1981.
Wolfgang Meurer: Arno Schmidt: Die Wasserstraße (nebst Brief Lenz Prüttings an den Verf.); Alfred Andersch: An Arno Schmidt (Gedicht).

Lfg. 54/Juli 1981.
Ernst-Dieter Steinwender: Odysseus in der 'Midlife-Crisis' oder Der Gang zu den Müttern. Zu "Die Abenteuer der Sylvesternacht."

Lfg. 55-56/Oktober 1981.
Peter J. Brenner: Melancholische Aufklärung. Literarische Konstruktion als Wirklichkeitskritik im Werk Arno Schmidts; Peter Wesollek: Anmerkungen über Schmidtsche Huldigungsformen unter besonderer Berücksichtigung der Geschichten "Aus der Inselstraße" und der "Stürenburg-Geschichte"; Gehört, gelesen, zitiert; Hinweise des Herausgebers.
Lfg. 57/ Dezember 1981.
Dieter Kuhn: "Der Meisterdieb". Ein Beitrag zu Schmidts Umgang mit älteren Kollegen; Gehört, gelesen, zitiert; Hinweise des Herausgebers.

Lfg. 58-6o/März 1982.
Rudi Schweikert: "Merlin and Vivien". Zitate aus Alfred Lord Tennysons "Idyll of the King" in Arno Schmidts "Zettels Traum". - Teil 1; Rudi Schweikert: Kurze Spekulation über den Umfang von Arno Schmidts "Zettels Traum"; Karl-Ernst Bröer: Die Geburt der 4. Instanz aus dem

Geiste der Impotenz. Zur 'Mühdtollogie' in "Zettels Traum"; Jörg Drews ua.: Einzelstellenerläuterungen; Jörg Drews: Rezension: Sozialgeschichte der deutschen Literatur von 1918 bis zur Gegenwart, Frankfurt 1981; Gehört, gelesen, zitiert I, II.
Lfg. 61-62/Mai 1982.
Günter Jürgensmeier: "His Borrowing Places" (Einzelstellenkommentar zu "Abend mit Goldrand") Gehört, gelesen, zitiert; Anmerkung des Herausgebers.

Lfg. 63/Juni 1982.
Dietmar Noering: Der "Schwanz-im-Maul". Arno Schmidt und die Gnosis; Bibliographische Hinweise.

Lfg. 64/Juli 1982.
Michael Schneider: Das Irrealencyclopische Buch der Westernwelt. Thesen und Notizen zur Poetologie und Wirkung von "Zettels Traum"; In letzter Zeit erschienen und zu unserer Kenntnis gelangt.

Lfg. 65-66/Oktober 1982.
Ernst-Dieter Steinwender: Mythos und Psychoanalyse in der Erzählung "Großer Kain"; Dieter Kuhn: Notiz zu einer Stürenburg-Geschichte; Jörg Drews: Marginalien. Raubdruck von "Zettels Traum", noch einmal; In letzter Zeit erschienen und zu unserer Kenntnis gelangt.

Lfg. 67-68/März 1983.
Peter J. Brenner: Arno Schmidt - ein unerledigter Fall; Klaus T. Hofmann: Zu Gast in der Bücherhöhle. Ein Gespräch in Arno Schmidts Bibliothek am 17. Oktober 1977; Dieter Rudolph: Kurze Bemerkung zum Verhältnis Schmidts zu Collins und Joyce; Maurice Richardson: Introduction to Wilkie Collins' "The Woman in White"; Klaus T. Hofmann: Lesen heißt Borgen. Weitere Spurensicherung im Fall "Meisterdieb"; Robert Weninger: Vor ge-

beugten Mißverständnissen. Eine kurze Anmerkung zu Reimer Bulls "Bauformen des Erzählens"; Wolfgang Marx: Psycholinguistische Brocken zu einer Rekonstruktion der Etym-Theorie; Marginalien: Günther Flemming: "Nun dechiffriert mal schön!"-; In letzter Zeit ist erschienen und zu unserer Kenntnis gelangt; Gehört, gelesen, zitiert.

Lfg. 69-70/April 1983.
F. Peter Ott: Karl Richter: Deus constructor, oder Einer emaniert den Anderen; Jörg Drews: Ein Kratersturz ins Unbewußte. Zur Konstruktion von Traum und Tagtraum in "Kaff auch Mare Crisium"; Peter Ahrendt: Vom Nutzen der Zettelkästen. Selbstzitate bei Arno Schmidt, Gehört, gelesen, zitiert.

Lfg. 71-72/Juni 1983.
Peter Piontek: Zum Wald-Stück "Brand's Haide"; Hartmann K. Maier: "Die Wasserlilie" - in beiderlei Gestalt; Günther Flemming: Das Fleisch ist Wort geworden. Prolegomena zu einer (schleunigst in Angriff zu nehmenden) Ausgabe der Werke Arno Schmidts; In letzter Zeit ist erschienen und zu unserer Kenntnis gelangt.

Lfg. 73-74/September 1983.
Ernst-Dieter Steinwender: "Mein Leben?! : ist kein Kontinuum!" Existenzphilosophische Motive im Frühwerk Arno Schmidts; In letzter Zeit ist erschienen und zu unserer Kenntnis gelangt.

Lfg. 75-76/Januar 1984.
Dieter Kuhn: Erläuterungen zu Arno Schmidts "Alexander oder Was ist Wahrheit"; Jörg Drews: Ein Faktum und ein Kommentar; Gehört, gelesen, zitiert; In letzter Zeit ist erschienen und zu unserer Kenntnis gelangt.

Lfg. 77-78/April 1984.
Lenz Prütting: "Weltunterganks-Schtimmunk". Einige Anmerkungen zur Theateraufführung KAFF

68 ff.; Jürgen Koepp: "Kaff auch Mare Crisium" und das Epos eines Unbekannten von "Der Nibelunge Nôt"; In letzter Zeit ist erschienen und zu unserer Kenntnis gelangt; Gehört, gelesen, zitiert.

Lfg. 79-80/Juni 1984.
Günther Flemming: Marginalia 1; Hans Egon Holthusen: Bärendienst für Arno Schmidt; Alfred Andersch: Die Kunst ist kein Schulzimmer; In letzter Zeit ist erschienen und zu unserer Kenntnis gelangt.

Lfg. 81-82/August 1984.
Ernst-Dieter Steinwender: "'Pornogrfie'!: Ich bin im Bild über Dich, Du!" Traum und Mythos in "Dr. Mac Intosh: 'Piporakemes!'"; Gehört, gelesen, zitiert; In letzter Zeit ist erschienen und zu unserer Kenntnis gelangt.

Lfg. 83-84/Oktober 1984.
Jörg Drews: Gespräch mit Wilhelm Michels; Martin Lowsky: Der düpierte Leser. Überlegungen zur Hauptgestalt von Arno Schmidts "Faun"-Erzählung; Alfred Schmeller: 37 chinesische Arten den Mond zu betrachten. Arno Schmidts Knötchenprosa "Das steinerne Herz"; Eike Barmeyer ua.: Aus dem Fernsehfilm "Die Literaten und ihre Republik". Sequenz Arno Schmidt (ca. 5 Minuten); Gehört, gelesen, zitiert; In letzter Zeit ist erschienen und zu unserer Kenntnis gelangt.

Lfg. 85-86/Januar 1985.
Wolfgang Hink: "Losung 'Heimlich Wein, Öffentlich Wasser'". Latente Sexualität in "Caliban über Setebos"; Rudi Schweikert: Siehe da: Vians "Voyeur" und Schmidts "Orpheus". Entsprechungen - Umkehrungen; Thomas Baukes: Der Bademeister und das "Tell-Tale Heart". Überlegungen zu Arno Schmidts "Windmühlen"; In letzter Zeit ist erschienen und zu unserer Kenntnis gelangt.

Lfg. 87-88/März 1985.
Kurt Jauslin: Robinsons Archive oder Der 6. Dezember; Günther Flemming: Druck & Nachdruck - ein Frontbericht; Gehört, gelesen, zitiert; In letzter Zeit ist erschienen und zu unserer Kenntnis gelangt.

Lfg. 89-90/April 1985.
Brigitte Hackh: Gespräch mit Max Bense und Elisabeth Walther; Wolfgang Müller: Der Lösung entgegen - Arno Schmidts "Wanderkurve" in erster Annäherung; Rudi Schweikert: Von Insel zu Insel. Über ein Motiv Jules Vernes und eine Motivation Arno Schmidts; In letzter Zeit ist erschienen und zu unserer Kenntnis gelangt.

Lfg. 91-92/Mai 1985.
Dieter Kuhn: Erläuterungen zu "Alexander oder Was ist Wahrheit" (II). Fortsetzung der Erläuterungen in BB 75-76.

2) Kenneth Wayne Egan
THE RECEPTION OF ARNO SCHMIDT PRIOR TO ZETTELS TRAUM
Dissertation, University of Texas at Austin, Dezember 1978.
(= Dissertation Abstract 39, 1978/79, 6787/88 A. 4 Positiv-Microfiches, 378 Seiten).

3) Josef Huerkamp
ERLÄUTERUNGEN, MATERIALIEN & REGISTER ZU ARNO SCHMIDT SITARA UND DER WEG DORTHIN
München, Edition Text & Kritik 1979, 71 Seiten, (=Sonderlieferung BB).

4) André Desilets
PROTEST UND AUSSENSEITERTUM IM WERKE ARNO SCHMIDTS
Magisterarbeit, Université Laval, Québec,

Canada, Mai 1979, 2 Negativ-Microfiches, 107 Seiten.

5) Josef Huerkamp
NR. 8. MATERIALIEN UND KOMMENTAR ZU ARNO SCHMIDTS ROMAN: "DAS STEINERNE HERZ"
München, Edition Text & Kritik 1979, 245 Seiten, (= Sonderlierferung BB).

6) Leibl Rosenberg
DAS HAUSGESPENST (II). EIN BEGLEITENDES HANDBUCH ZU ARNO SCHMIDTS "DIE SCHULE DER ATHEISTEN"
Ergänzungsband in Zusammenarbeit mit Klaus und Hedwig Pauler, München, Edition Text & Kritik 1979, 317 Seiten, (=Sonderlieferung BB).

7) Oswald Wiener
WIR MÖCHTEN AUCH VOM ARNO-SCHMIDT-JAHR PROFITIEREN
München, Matthes & Seitz Verlag 1979, 70 Seiten.

8) Hans-Michael Bock
BIBLIOGRAFIE ARNO SCHMIDT 1949-1978
München, Edition Text & Kritik, 2., verbesserte und ergänzte Ausgabe 1979, 273 Seiten.

9) Hans-Michael Bock
BIBLIOGRAFIE ARNO SCHMIDT 1949-1978
München, Edition Text & Kritik, 2., verbesserte und ergänzte Ausgabe 1979, 273 Seiten, ("Korrigierter Neudruck der 2. Auflage 1980").

10) Bert Blumenthal
DER WEG ARNO SCHMIDTS

Vom Prosaprotest zur Privatprosa
München, Minerva Publikation (Fachserie Geisteswissenschaften) 1980, 267 Seiten, (zuvor Dissertation, Bremen, 1976).

11) Barbara Malchow
"SCHÄRFSTE WORTKONZENTRATE"
Untersuchungen zum Sprachstil Arno Schmidts
München, Edition Text & Kritik 1980, 288 Seiten, (=Sonderlieferung BB).

12) Otfried Boenicke
MYTHOS UND PSYCHOANALYSE IN "ABEND MIT GOLD-RAND"
München, Edition Text & Kritik 1980, 39 Seiten, (=Sonderlieferung BB).

13) Wolfgang Proß
ARNO SCHMIDT
München, C.H. Beck Verlag, Edition Text & Kritik 1980, 196 Seiten, (=Autorenbücher 15, Hg. v. H.L. Arnold und E.-P. Wieckenberg).

14) Werner Schwarze
ÄGYPTOLOGIE IN "CALIBAN ÜBER SETEBOS"
Ein Deutungsversuch, München, Edition Text & Kritik 1980, 65 Seiten, (=Sonderlieferung BB).

15) Norbert Nicolaus
DIE LITERARISCHE VERMITTLUNG DES LESEPROZESSES IM WERK ARNO SCHMIDTS
Frankfurt-Bern-Cirencester, Peter D. Lang Verlag 1980, 229 Seiten, (=Europäische Hochschulschriften: Reihe 1, Deutsche Literatur und Germanistik, Band 341).

16) Hartwig Suhrbier

ZUR PROSATHEORIE VON ARNO SCHMIDT
München, Edition Text & Kritik 1980,
59 Seiten, (=Sonderlieferung BB), (zuvor Magisterarbeit, Bonn, 1969 und Hamburg, 1973).

17) Dieter Stündel
ERGÄNZUNGSLIEFERUNG
(zu: D.S., Register zu Zettels Traum, Eine Annäherung, siehe Bock: 2.0.11)
München, Edition Text & Kritik 1980, 12 Seiten Errata und Addenda, 28 Seiten Kurzinhaltskommentar, 1 Seite Fort=wort.

18) Josef Huerkamp
"GEKETTET AN DATEN & NAMEN"
Drei Studien zum 'authentischen' Erzählen in der Prosa Arno Schmidts, München, Edition Text & Kritik 1981, 431 Seiten, (=Sonderlieferung BB), (zuvor Dissertation, Bielefeld, Mai 1979).

19) Günther Flemming
REGISTER ZU DEN LIEFERUNGEN 1 BIS 50 DES BARGFELDER BOTEN
München, Edition Text & Kritik 1981, 116 Seiten, (=Sonderlieferung BB).

20) Horst Thomé
NATUR UND GESCHICHTE IM FRÜHWERK ARNO SCHMIDTS
München, Edition Text & Kritik 1981, 244 Seiten, (=Sonderlieferung BB).

21) Jörg Drews (Hg.)
GEBIRGSLANDSCHAFT MIT ARNO SCHMIDT
Grazer Symposion 1980, München, Edition Text & Kritik 1982, 160 Seiten, (=Sonderlieferung BB).

5- 6 Jörg Drews: Vorwort

22) Arno Schmidt Stiftung (Hg.)
ARNO SCHMIDT PREIS 1982
(Festschrift aus Anlaß der Verleihung des 1. Arno Schmidt Preises an Hans Wollschläger), Bargfeld, Arno Schmidt Stiftung 1982, 64 Seiten.

23) Boy Hinrichs (n.v.)
LÄNGERES GEDANKENSPIEL UND UTOPISCHE PROSA
Untersuchungen zu Arno Schmidts Theorie der Modernen Literatur und ihrer paradigmatischen Konkretisierung in "Schwarze Spiegel", "Die Gelehrtenrepublik" und "Kaff auch Mare Crisium", Dissertation, Kiel 1982, (800 Seiten?).

24) Reinhard Finke
"DER HERR IST AUTOR".
Die Zusammenhänge zwischen literarischem und empirischem Ich bei Arno Schmidt, München, Edition Text & Kritik 1982, 172 Seiten, (=Sonderlieferung BB).

25) Dieter Kuhn
DAS MISSVERSTÄNDNIS
Polemische Überlegungen zum politischen Standort Arno Schmidts, München, Edition Text & Kritik 1982, 68 Seiten, (=Sonderlieferung BB).

26) Ernst Krawehl (Hg.)
PORTRÄT EINER KLASSE
Arno Schmidt zum Gedenken, Frankfurt, S. Fischer Verlag 1982, XV und 414 Seiten.

209- Lebenslauf meines Vaters (F. Otto)
210-211 Meine Erlebnisse während des letzten Putsches in Hamburg: (Aufsatz von Arno Schmidts Vater)
214-221 John Woods': Empfang in Neponsit
222-345 Erinnerungen meiner Schwester (Lucy Kiesler, Interview in englischer Sprache)
349-414 <u>Anhang</u>
350-355 "Beschreibung einer Schule und einer Klasse"-Entstehung eines ungewöhnlichen Buchplans
(350) Hans Riebesehls Brief "An alle"
(351-355) Brief Arno Schmidts an Hans Riebesehl mit Rundschreiben "Liebe alte Klassenkameraden!"
357-366 Lebenswege der neun Beiträger und weiterer Klassengenossen
367-402 Materialiensammlung
403-405 Abbildungsverzeichnis/Quellennachweis
406-411 Register
412-414 Zum Herausgeber
(sowie viele Randglossen von Arno Schmidt, Fotos und Skizzen).

27) Michael R. Minden
ARNO SCHMIDT
A Critical Study of his Prose
Cambridge-London-New York-New Rochelle-Melbourne-Sydney, Cambridge University Press 1982, 283 Seiten, (=Anglica Germanica. Series 2), (zuvor Dissertation, Cambridge 1978: The role of consciousness in Arno Schmidts theory and practice of fiction with special reference to "Kaff auch Mare Crisium".).

28) Werner Morlang
DIE PROBLEMATIK DER WIRKLICHKEITSDARSTELLUNG IN DEN LITERATURESSAYS VON ARNO SCHMIDT
Bern-Frankfurt, Peter Lang Verlag 1982, 208

Seiten, (=Europäische Hochschulschriften: Reihe 1, Deutsche Sprache und Literatur, Band 514).

29) Heiko Postma
AUFARBEITUNG UND VERMITTLUNG LITERARISCHER TRADITIONEN
Arno Schmidt und seine Arbeiten zur Literatur, Frankfurt, Bangert & Metzler Verlag, 2. Auflage, um Vorbemerkung und Anhang vermehrt, 1982, 3 und 216 und XVII und 15 Seiten, (Anhang: Wiederabdruck einiger Rezensionen des Verfassers von 1972 an), (zuvor Dissertation, Hannover 1975).

30) Dieter H. Stündel
ARNO SCHMIDT. ZETTELS TRAUM
Frankfurt-Bern, Peter Lang Verlag 1982, 296 Seiten, (=Europäische Hochschulschriften: Reihe 1, Deutsche Sprache und Literatur, Band 476), (zuvor Dissertation, Siegen 1981?), (Die 2. Auflage erschien: Frankfurt, Bangert & Metzler Verlag 1984, 296 Seiten).

31) Robert Weninger
ARNO SCHMIDTS JOYCE-REZEPTION 1957-1970
Ein Beitrag zur Poetik Arno Schmidts, Frankfurt-Bern, Peter Lang Verlag 1982, 233 Seiten, (=Europäische Hochschulschriften: Reihe 1, Deutsche Sprache und Literatur, Band 594).

32) Günther Flemming
LETTERNSPUREN
Arno Schmidt und Eberhard Schlotter - die Außenseite ihrer Freundschaft, München, Edition Text & Kritik 1983, 179 Seiten, (=Sonderlieferung BB).

33) Werner Schwarze

HOMMAGE À JEAN FRANCOIS CHAMPOLLION ODER
IM LABYRINTH 'CALIBAN ÜBER SETEBOS'
Eine umfassende Deutung der Gesamt-Konzeption
von Arno Schmidts 'Kühe in Halbtrauer',
Herten, (Eigenverlag Werner Schwarze, Vosshorst 2, 4352 Herten), März 1983, 890 Seiten,
DIN A 4 -Loseblattausgabe der Typoskript-Kopie.

34) Arno Schmidt Stiftung (Hg.)
ARNO SCHMIDT PREIS 1984 FÜR WOLFGANG KOEPPEN
(Festschrift aus Anlaß der Verleihung des 2.
Arno Schmidt Preises), Bargfeld, Arno Schmidt
Stiftung 1984, 40 Seiten.

7- Alice Schmidt: "Sehr geehrter Herr Koeppen" (Brief)
9- Programm
11-14 Jan Philipp Reemtsma: Ansprache über die nichtöffentliche Verleihung des Arno Schmidt Preises
17-22 Wolfgang Koeppen: Gedanken und Gedenken
25-28 Wolfgang Koeppen: Wahn
29-37 Arno Schmidt: Lillis Sonettenkranz.

35) ZETTELKASTEN I
Aufsätze und Arbeiten zum Werk Arno Schmidts,
Sammelband, Frankfurt, Bangert & Metzler Verlag 1984, 267 Seiten.

3- Inhalt
4- Joachim Metzler: Vorwort
6- 18 Lars Clausen: Rede auf Arno Schmidt. Laudatio zur Goethe-Preis-Verleihung in der Paulskirche, Frankfurt am 28. 8. 1973
19- 90 Armin W. Elhardt: Landschafts- und Naturdarstellung in Arno Schmidts Roman "Aus dem Leben eines Fauns".

36) Karl-Heinz Brücher (Hg.)
ZETTELKASTEN III
Aufsätze und Arbeiten zum Werk Arno Schmidts
Arno Schmidt Tagung in Bensheim Juni 1984,
Frankfurt, Bangert & Metzler Verlag 1984, 266 Seiten.

Stand der akademischen Arno Schmidt - Forschung
247-262 Rudi Schweikert: An der Insel gescheitert. Spezielle Anmerkungen (zu Dieter Rudolphs "Tristan da Cunha"-Auslassungen) und Grundsätzliches
264-266 Zu den Autoren.

37) Jörg Drews/Heinrich Schwier (Hg.)
"LILIENTHAL ODER DIE ASTRONOMEN".
Historische Materialien zu einem Projekt Arno Schmidts. Mit einem Nachwort von Josef Huerkamp, München, Edition Text & Kritik 1984, 351 Seiten, (Sonderlieferung BB).

5- 6 Vorbemerkung (der Herausgeber)
7- 34 Wolfgang Gresky: Der Briefwechsel zwischen J.H. Schroeter und G.Chr. Lichtenberg
35- 36 Franz von Zach: Joh. Hieron. Schröter, als Astronom (1799)
37- 46 Heinrich Wilhelm Rotermund: Beitrag zur Geschichte des Lebens und Wirkens des Astronomen Johann Hieronymus Schroeter (1824)
47- 85 Johann Heinrich von Mädler: Die Himmelskunde in neuerer Zeit (1873)
86-236 Hermann Albert Schumacher: Die Lilienthaler Sternwarte. Ein Bild aus der Geschichte der Himmelskunde in Deutschland (1890)
237-252 Abbildungen
253-258 Geburtsurkunde, Sterbeurkunde und Testament Johann Hieronymus Schroeters, sowie Geburtsurkunde von Harm Gefken
259-272 Horst-Burkhard Brenske: Johann Hieronymus Schröter, Schöpfer der Selenographie (1964)

38) Hans-Michael Bock (Hg.)
ÜBER ARNO SCHMIDT
Rezensionen vom "Leviathan" bis zur "Julia".
Hg. von Hans-Michael Bock. Mitarbeit und Redaktion von Thomas Schreiber, Zürich, Haffmans Verlag, Frühling 1984, 348 Seiten

136-146 Kühe in Halbtrauer
147-156 Die Ritter vom Geist
157-166 Trommler beim Zaren
167-183 Der Triton mit dem Sonnenschirm
184-260 Zettels Traum
261-284 Die Schule der Atheisten
285-312 Abend mit Goldrand
313-314 Vorläufiges zu Zettels Traum
315-340 Julia, oder die Gemälde
343 Editorische Notiz
345-346 Register Rezensenten
347-348 Register Zeitungen/Sender.

39) Michael Schneider
BILANZEN DES SCHEITERNS
Raum, Wirklichkeit und Subjekt in Arno Schmidts Werken, Frankfurt, Bangert & Metzler Verlag 1984, 246 Seiten.

40) Robert Weninger
THE MOOKSE AND THE GRIPES
Ein Kommentar zu James Joyces "Finnegans Wake", München, Edition Text & Kritik 1984, 225 Seiten, (=Sonderlieferung BB).

41) Dieter Paul Rudolph
POETRAUM 1
Lesemodell zu Arno Schmidt, verfaßt und hg. v. D.P.R., Blieskastel, (Eigenverlag Dieter Paul Rudolph, Postfach 1213, 6653 Blieskastel), Mai 1985, 48 Seiten.

42) Rudi Schweikert
GERMANISTISCHES ELEND
Wider die Pseudo-Wissenschaftlichkeit. Mit den 'Opfern' Arno Schmidt, Kurd Laßwitz und Karl May, Frankfurt, Bangert & Metzler Verlag 1985, 125 Seiten.
5- 16 Wie schreibe ich einen schlechten

2.2 UNVERÖFFENTLICHTE ARBEITEN (MAGISTER/STAATSEXAMENSARBEITEN)

43) Peter Sinram
ARNO SCHMIDTS BEITRAG ZUR GERMANISTISCHEN METHODENDISKUSSION VON DER FOUQUÊ-BIOGRAPHIE BIS ZU "SITARA"
Staatsexamensarbeit, Berlin, o.J., (Exemplar bei der Stiftung in Bargfeld).

44) Lois Marksteiner
BEMERKUNGEN ZU EINER "LITERATURANALYSE" (nebst Gutachten)
Wien, 23.5.64, 12 Seiten maschinenschriftlich, (Im Auftrag der Karl-May-Gesellschaft).

45) Alfred Ott
ARNO SCHMIDT, EIN AUSSENSEITER DER LITERATURKRITIK
Ein Beitrag zur literarischen Wertung, Magister-Arbeit, Bonn 1966, 95 Seiten, (Exemplar bei der Stiftung in Bargfeld).

46) Ulrich Goerdten
ARNO SCHMIDTS ERZÄHLUNG "CALIBAN ÜBER SETEBOS"
Beobachtungen über die Entwicklung der sprachlichen Gestaltungsmittel im Werk Arno Schmidts, Magister-Arbeit, FU Berlin 1971, 69 und 5 Seiten, (Exemplar bei der Stiftung in Bargfeld).

47) Heinz Falkenberg
ARNO SCHMIDT:
Wirklichkeit, Wiedergabe, Überwindung, Hintergründe und Hauptzüge der Kunst Arno Schmidts, Magister-Arbeit, Liége 1971, 114 Seiten, (Exemplar bei der Stiftung in Bargfeld).

48) Reinhard Finke

"WELTANSCHAUUNG" UND SCHRIFTSTELLERISCHES SELBSTVERSTÄNDNIS BEI ARNO SCHMIDT
Seminar-Arbeit, Bochum 1972, 52 Seiten, (Exemplar bei der Stiftung in Bargfeld).

49) Gerd Blecher
ARNO SCHMIDTS ETYMTHEORIE
(Magister-Arbeit?), Darmstadt 1973.

50) Winand Herzog
ARNO SCHMIDTS "DIE GELEHRTENREPUBLIK"
Staatsexamensarbeit, Hannover 1975, 195 Seiten, (Exemplar bei der Stiftung in Bargfeld).

51) Peter Kock
ARNO HOLZ UND ARNO SCHMIDT
Ein vergleichender Überblick über die Entwicklung von Position, Programmatik und Produktion zweier Experimentalschriftsteller anhand ausgewählter Textbeispiele, Staatsexamensarbeit, (FU Berlin?), Februar 1976, 171 Seiten, (Exemplar bei M.M.S.).

52) Kenneth Wayne Egan/Rudi Kiesler (Schwager Arno Schmidts
PERSONALINTERVIEW
geführt von K.W.E. am 29.10.77.

53) Kenneth Wayne Egan/Eve Winer (Nichte Arno Schmidts)
PERSONALINTERVIEW
geführt von K.W.E. am 29.10.77.

54) Dieter Stündel
WORTBILDUNGSTECHNIKEN IN ARNO SCHMIDTS "ZETTELS TRAUM"
Magister-Arbeit, Siegen 1978, 70 Seiten, (Exemplar bei der Stiftung in Bargfeld).

55) Michael Manko
ZITATE UND MOTIVE AUS SHAKESPEARES 'A MID-SUMMER NIGHT'S DREAM' IN ARNO SCHMIDTS ROMAN 'ZETTELS TRAUM'
Magister-Arbeit, Bielefeld 1979 (Ein Konzentrat wurde veröffentlicht im BB, Lfg. 51-52).

56) Michael Thomsen
KOMMUNIKATIONSSTRUKTUREN IM FRÜHWERK ARNO SCHMIDTS (besonders Brand's Haide)
Staatsexamensarbeit, Osnabrück 1981, (Exemplar bei der Stiftung in Bargfeld).

57) (Joachim Metzler)
NACHRICHTEN VON BÜCHERN UND MENSCHEN
Kommerzielles Werbeblättchen des Verlages Bangert & Metzler, Frankfurt, bisher Nr. 1-Nr. 60, 1982 ff. (Wiederabdruck von Rezensionen, Zeitungsmeldungen etc., bisher 35, größtenteils zum Rechtsstreit).

58) Rainer Ecker
ARNO SCHMIDT: "DIE GELEHRTENREPUBLIK": QUELLEN UND ELEMENTE DER UTOPIE UND DER ANTI-UTOPIE
Staatsexamensarbeit, Saarbrücken, Dez. 1982.

59) Wolfgang Hink
TRADITIONSREIHEN BEI ARNO SCHMIDT (zu Kaff)
Staatsexamensarbeit, Berlin 1982, 89 Seiten, (Exemplar bei der Stiftung in Bargfeld).

60) Winfried-Paul Sdun
TRADUIRE=LIRE.
Peut-on traduire Arno Schmidt? Memoire de maitrise, Université de Toulouse - Le Mirail 1983.

61) Stefan Gradmann
MYTHOS UND ZEICHENSYNTHESIS
Zu einigen Aspekten der Joyce-Rezeption
Arno Schmidts, Magister-Arbeit, Freiburg
1983.

2.3 ALLGEMEINES ZU LEBEN UND WERK

62) z (Bernhard Zeller
FOUQUÉ-HANDSCHRIFTEN FÜR MARBACH
Stuttgarter Zeitung, 14.6.55.

63) Alfred Andersch
"DER AUSSENSEITER IM MITTELPUNKT"
Ein Hinweis auf Arno Schmidt
Ms. der Radiosendung gleichen Titels, SDR, 16.9.56 (Bock: 2.1.56.09.14), 32 Seiten.

64) (anonym)
ARNO SCHMIDT
Die Zeit, 13.8.61.

65) Amtsrat Kaspereit
ARNO SCHMIDT - VERBINDUNG ZUM VERMESSUNGSWESEN
Nachrichten der Niedersächsischen Vermessungs- und Katasterverwaltung, 11. Jg., Nr. 4, (Hannover) Okt. 1961, S. 120f.

66) Hans Wollschläger
"HERR KARL MAY VON DER ANDEREN SEITE"
Zur Textsituation des "Silbernen Löwen"
Konkret, 1.9.62.

67) H. Soergel / Curt Hohoff (n.v.)
ARNO SCHMIDT
H.S./C.H., Dichtung und Dichter der Zeit. Vom Naturalismus bis zur Gegenwart, Düsseldorf, 2. Neuausgabe 1963, Bd. 2, S. 835-837.

68) Gerhard Fricke / Volker Klotz
o.T.
("Der strikteste Neuerer...")

G.F./V.K., Geschichte der deutschen Dichtung, Hamburg-Lübeck, Matthiesen Verlag ^{12}1965, S. 490,492.

69) Max Bense (n.v.)
METAPHYSISCHE POSITIONEN
H. Friedmann / O. Mann, Deutsche Literatur im 20. Jahrhundert, Bern, 5. veränderte Auflage 1967, Band 1, Strukturen, S. 90 ("Aber erst mit Arno Schmidt..."), S. 373 ("Die Prosa Arno Schmidts...").

70) Walter Kiaulehn
MEIN FREUND DER VERLEGER
Ernst Rowohlt und seine Zeit, Reinbek, Rowohlt 1967, S. 243-245, (Arno Schmidts Vorstellung beim Rowohlt Verlag).

71) Gabriele Wohmann
IN DARMSTADT LEBEN DIE KÜNSTE
Darmstadt, Schlapp Verlag 1967, unpaginiert, (3. und 4. Textseite zu Schmidts Aufenthalt in Darmstadt).

72) Werner Welzig (n.v.)
Der deutsche Roman im 20. Jahrhundert, Stuttgart 1967, S. 255ff., Kapitel: Der zeitkritische Roman (zu Schmidt), S.305ff., Kapitel: Der utopische Roman (zu Schmidts 'Gelehrtenrepublik').

73) Rolf Becks
o.T.
("An einem Herbstabend...")
Gesamtkatalog J.G. Bläschke Verlag, Darmstadt, Bläschke Verlag 1969/70, S. 27.

74) Ernst Krawehl

ARNO SCHMIDT
Sprache und Literatur. Hg. v. Hessischen Rundfunk (Schulfunk), 26. Jg., Jan.-Juli 71, Frankfurt 1971, S. 18-26.

75) Max Peter Maass (n.v.)
EBERHARD SCHLOTTER
Darmstadt, Bläschke Verlag 1971.

76) S. Fischer Verlag
ARNO SCHMIDT, WERKÜBERSICHT
Prospekt, 1.4.72, 6 Seiten.

77) Peter Rühmkorf
DIE JAHRE DIE IHR KENNT
Anfälle und Erinnerungen, Reinbek bei Hamburg, Rowohlt Verlag 1972, S. 139 ("Habe vergessen..."), S. 244 ("-als der Große Schmidt...").

78) Jörg Drews
WORAN ARBEITEN SIE GERADE?
Jörg Drews befragte 30 deutsche Autoren (ua. auch Schmidt)
Süddeutsche Zeitung, 26.1.73.

79) S. Fischer Verlag
ARNO SCHMIDT, WERKÜBERSICHT
Prospekt, 1.10.73, Faltblatt, 12 Spalten.

80) Keith Bullivant / R. Hinton Thomas (n.v.)
LITERATURE IN UPHEAVAL
West German Writers and the Challenge of 1960s
Manchester, Manchester University Press 1974, (besonders Kapitel 1 zu Schmidt).

81) Hugo J. Mueller
ARNO SCHMIDTS ETYMTHEORIE
Wirkendes Wort, Jg. 1975, Heft 1, S. 37-44.

82) fr.
BRANDVORSORGE BEI ARNO SCHMIDT
Frankfurter Rundschau, 15.8.75.

83) (anonym)
ARNO SCHMIDT STECKT VOLLER PLÄNE
Börsenblatt, 9.9.75.

84) Jörg Drews
SCHWÜLSDICK UND SPITZPFÜNDIG.
Arno Schmidt als Übersetzer
NDR 3, 14.10.75.

85) Keith Bullivant / R. Hinton Thomas
WESTDEUTSCHE LITERATUR DER SECHZIGER JAHRE
München, Deutscher Taschenbuch Verlag 1975,
S. 14-17 (zu Schmidt).

86) Gerhard R. Kaiser
ARNO SCHMIDT, THEORIE DER KRITIK
Die deutsche Literatur. Ein Abriß in Text und Darstellung. Hg. v. O.F. Best und H.-J. Schmitt, Band 16, Gegenwart. Hg. v. G.R.K., Stuttgart, Reclam Verlag 1975, Kapitel IX, S. 190-192.

87) (anonym)
VIDA Y OBRA DE ARNO SCHMIDT
Arno Schmidt, Momentos de la vida de un Fauno (Aus dem Leben eines Fauns), Madrid, Editorial Fundamentos Espiral, 1978, S. 199-202, Übersetzer: Ramón Lorenzo, (spanisch).

88) Ernst Krawehl
ARNO SCHMIDT
Arno Schmidt, Momentos de la vida de un Fauno (Aus dem Leben eines Fauns), Madrid, Editorial

Fundamentos Espiral, 1978, S. 185-198,
Übersetzer: Ramón Lorenzo, (spanisch).

89) David Hayman (n.v.)
SOME WRITERS IN THE WAKE OF THE 'WAKE'
In the Wake of the 'Wake'. Hg. v. D.H./Elliot Anderson, Madison, University of Wisconsin Press, 1978, S. 3-39, (zu Schmidt bes. S. 19-24).

90) Fritz Martini (n.v.)
DEUTSCHE LITERATURGESCHICHTE
Von den Anfängen bis zur Gegenwart, Stuttgart, 17. erweiterte Auflage 1978, S. 621,665f.

91) (anonym)
Der "Wortmetz von Bargfeld"
VERGESSENE RITTER VOM GEIST WIEDER ENTDECKT
Die ewigen Schwierigkeiten mit dem Literaten Arno Schmidt
Pforzheimer Zeitung, 18.1.79.

92) Josef Huerkamp
STEINE DES ANSTOSSES
Später Nachtrag zu Arno Schmidts Angriffen auf Adalbert Stifter, Vierteljahresschrift des Adalbert-Stifter-Instituts, Jg. 28, Folge 1/2, 1979, S. 43-47.

93) Werner Fuld
Pessimist, Pedant, Pionier und Poet: Arno Schmidt und sein Werk
DER LETZTE RITTER VOM TAPFEREN GEIST
Deutsches Allgemeines Sonntagsblatt, 1.7.79.

94) Reinhard Prießnitz
ARNO SCHMIDT LESEN
Die Presse, Wien, 1./2.9.79.

95) Wolfram Schütte
WIEDERKEHR NACH LANGER ABWESENHEIT
Frankfurter Rundschau, 17.10.78.

96) Hilde Rubinstein
"EIN SCHRULLENHAFTER SONDERGESCHMÄCKLER"
Frankfurter Hefte, Jg. 34, Heft 10, Okt. 1979, S. 63-65.

97) Adolf Fink
SECHS KRITIKER SUCHEN EINEN AUTOR
Frankfurter Allgemeine Zeitung, 9.11.79.

98) (anonym)
AUS DEM LEBEN EINES FAUNS
Ein Arnos-Schmidt-Abend, Premiere am 7.12.79, Programmzettel, 4 Seiten (Aufführung im Schloßtheater Celle).

99) Martin Selge
STIFTERS KAKTUS
Zur naturwissenschaftlichen, (sexual-)symbolischen und ästhetischen Dimension des CEREUS PERUVIANUS im NACHSOMMER, Stifter Symposion 1978, Linz 1979, S. 28-37.

100) The Publishers (Marion Boyars ua.)
FOREWORD TO THE ENGLISH EDITION OF DIE GELEHRTENRPUBLIK
Arno Schmidt, The Egghead Republic, a Short Novel from the Horse Latitudes, London und Boston, Marion Boyars Publishers 1979, unpaginiert (fortlaufende Zählung, S. 5).

101 (anonym)
MARBACHER CHRONIK
Zur Geschichte der Deutschen Schillergesellschaft, des Schiller-Nationalmuseums und des

Deutschen Literaturarchivs 1953-1979. Hg. v. d. Mitarbeitern des Deutschen Literaturarchivs, Deutsches Literaturarchiv, Verzeichnisse, Berichte, Informationen, Marbach, 8. Zweite, durchgesehene Auflage 1979, (zu Schmidts Fouqué-Sammlung und Verkauf bes. S. 33, 217, 240).

102) Friedrich S. Hoffmann / Herbert Rösch (n.v.)
GRUNDLAGEN, STILE, GESTALTEN DER DEUTSCHEN LITERATUR
Frankfurt, Hischgraben Verlag, ^{8}1979, S. 354-355 (zu Schmidt).

103) Jörg Drews (n.v.)
WORK AFTER THE WAKE OR A FIRST LOOK AT JOYCE'S INFLUENCE ON ARNO SCHMIDT
Joyce & Paris. Hg. v. J. Aubert / Maria Jolas, (Papers from the 5th International James Joyce Symposium, Paris, 16-20 June 1975), Paris (1979?), S. 133-142.

104) Jörg Drews (n.v.)
AUGUST STRAMM UND DIE FRÜHEN ROMANS ARNO SCHMIDTS
Eine Fußnote zur Geschichte der Stramm-Rezeption nach 1945, August Stramm. Kritische Essays und unveröffentlichtes Quellenmaterial aus dem Nachlaß des Dichters. Hg. v. J.D. Adler / J.J. White, Berlin, E. Schmidt Verlag 1979, S. 181-187.

105) Jan Philipp Reemtsma / Alice Schmidt
VORBEMERKUNG (zu Schmidts "Berechnungen III")
Neue Rundschau, 91. Jg., Heft 1, 1980, S. 5

106) Ulrich Goerdten
SYMBOLISCHES IM GENITALGELÄNDE
Arno Schmidts "Windmühlen" als Traumtext gelesen, Protokolle, Zeitschrift für Literatur und Kunst, Band 1, Jg. 1980, S. 3-28.

107) Josef Huerkamp
ARNO SCHMIDT UND EINIGE SEINER ZEITGENOSSEN
oder: gibt es eine literarische 'Nachfolge'?
Protokolle, Zeitschrift für Literatur und Kunst, Heft 1, 1980, S. 29-53.

108) Ernst Fischer (Pastor
Gedanken zum Sonntag
DEUTSCHLAND, DEINE ATHEISTEN
Schleswig-Holsteinische Landeszeitung, Rendsburg, 22.3.80.

109) Ludwig Harig
AUF DER SUCHE NACH VERLORENEN DICHTERN
Merian, Lüneburger Heide, Heft 3, 1980, S. 118-122.

110) Rolf Vollmann
NACHGELASSENE LANDSCHAFT
Ein Versuch, Arno Schmidt auszusparen
Frankfurter Allgemeine Zeitung - Magazin, Heft 14, 6.6.80, S. 8-16.

110a) (anonym)
Über den Umgang mit Büchern
ARNO SCHMIDT FÜR ANFÄNGER
Zeitschrift für Bücherleser (Zettelkasten), Frankfurt, 10.10.80.

111) Wolfram Schütte
Die unbekannte Größe I und II
ARNO SCHMIDT - UNSERE GEGENWART, SEINE NACHWELT
Deutschlandfunk, Abt.: Literaturkritik,
I. 23.10.80, 22.05-22.30 Uhr, Ms. 16 Seiten
II. 30.10.80, 22.05-22.30 Uhr, Ms. 18 Seiten.

112) Jürgen Grambow
HINWEIS AUF A.S.
Sinn und Form, Beiträge zur Literatur, 32. Jahr, Heft 4, 1980, S. 868-883.

113) Jörg Petzel
E.T.A. HOFFMANN UND ARNO SCHMIDT
Mitteilungen der E.T.A. Hoffmann-Gesellschaft, 26. Heft, 1980, S. 88-98.

114) Jörg Drews (n.v.)
ÜBER DAS LANGSAME AUFTAUCHEN EXPERIMENTELLER SCHREIBWEISEN IN DER WESTDEUTSCHEN LITERATUR DER FÜNFZIGER JAHRE
Vom "Kahlschlag" zu "movens". Hg. v. J.D., München, Edition Text & Kritik 1980 (ua. zu Schmidt).

115) Günter Grass
KLEINE REDE FÜR ARNO SCHMIDT (1964)
G.G., Aufsätze zur Literatur, Darmstadt-Neuwied, Luchterhand 1980, S. 19-25.

116) Hans-Bernhard Moeller
ARNO SCHMIDT
The Columbia Encyclopaedia of Modern Literature, New York, Columbia University Press, 1980, Sp. 722-723.

117) Heinrich Vormweg
DER FALL ARNO SCHMIDT
Kindlers Literaturgeschichte der Gegenwart, Autoren, Werke, Themen, Tendenzen seit 1945, Band 1: Die Literatur der Bundesrepublik Deutschland. Hg. v. Dieter Lattmann, Frankfurt, Fischer Taschenbuch Verlag, aktualisierte Ausgabe 1980, S. 321-332.

118) Thomas Schreiber

"ALSO WENN DAS STIMMT" (faun 104)
Arno Schmidt - Materialien zu einer Lebensgeschichte 1 und 2, Interview mit R. Becks, J. Drews, H. Heißenbüttel, G. Schlotter, H. Wollschläger.
SWF 2, Kulturelles Wort,
I. 6.3.81, 22.15-23.00 Uhr, Ms. 24 Seiten,
II.27.3.81, 22.15-23.00 Uhr, Ms. 26 Seiten.

119) Barbara Malchow
SCHÄRFSTE WORTKONZENTRATE
Über den Sprachstil Arno Schmidts
Esslinger Zeitung, 21.3.81.

120) Barbara Malchow
SCHÄRFSTE WORTKONZENTRATE
Über den Sprachstil Arno Schmidts
Cannstatter Zeitung, 21.3.81.

121) Jörg Drews
CALIBAN CASTS OUT ARIEL
Zum Verhältnis von Mythos und Psychoanalyse in Arno Schmidts Erzählung "Caliban über Setebos".
Protokolle, Zeitschrift für Literatur und Kunst, Heft 2, 1981, S. 145-160.

122) Wilhelm Kühlmann
PREKÄRE POSITIONEN
Zu Arno Schmidts 'Leviathan oder die Beste der Welten' (1949), Der Deutschunterricht, Jg. 33, Heft 3, 1981, S. 62-71.

123) John E. Woods
TRADUCIENDO LA PROSA INCONVENCIONAL DE ARNO SCHMIDT
huimera, Juli/Aug. 1981, S. 42f.

124) J.-C. Hémery

DERNIERE NOUVELLES D' UNE ALLEMAGNE PROFONDE
Faix,Revue littéraire et artistique, Montigny les Metz, Heft 6/7 1981 IV., S. 136f.

125) Wolfram Schütte
DIE UNBEKANNTE GRÖSSE
Arno Schmidt - unsere Gegenwart, seine Nachwelt, Merkur, Deutsche Zeitschrift für europäisches Denken, 35. Jg., (Heft 392-402), Heft 397, S. 558-573.

126) Jörg Drews
EIN KRATERSTURZ INS UNBEWUSSTE
Zur Konstruktion von Traum und Tagtraum Arno Schmidts Roman "Kaff auch Mare Crisium" (1960)
Psyche, 35. Jg., Heft 12, Dez. 1981, S. 1103-1121.

127) (verschiedene Autoren)
(PRESSESTIMMEN ZU ARNO SCHMIDT IN ENGLAND)
Book Review Digest 1981, S. 1274.

128) (anonym)
o.T.
("Erede dell'espressionismo...")
Arno Schmidt, Alessandro o Della Verità (Alexander oder Was ist Wahrheit), Turin, Giulio Einaudi editore, 1981, (Außenseite Klappentext).

129) (anonym)
SCHMIDT, ARNO
Weltliteratur im 20. Jahrhundert, Autorenlexikon. Hg. v. Manfred Brauneck, Reinbek bei Hamburg, Rowohlt Verlag Juni 1981, Band 4, S. 1141f.

130) Jörg Drews
SCHMIDT, ARNO (OTTO)
Lexikon der deutschsprachigen Gegenwartsliteratur,

begründet v. H. Kunisch, neubearbeitet und
hg. v. Herbert Wiesner, München, Nymphenburg
Verlagshandlung 1981, S. 440-442.

131) Heinz B. Heller
DER FALL ARNO SCHMIDT
Sozialgeschichte der deutschen Literatur von
1918 bis zur Gegenwart. Hg. v. Jan Berg ua.,
Frankfurt, Fischer Taschenbuch Verlag 1981,
S. 736-739.

132) Dieter Kuhn
DER PHILOSOPH UND DER DICHTER
Zur Schopenhauer-Rezeption bei Arno Schmidt
62. Schopenhauer Jahrbuch für das Jahr 1981.
Hg. v. Arthur Hübscher, Frankfurt, W. Kramer
Verlag 1980, 170-178.

133) Hermann Mörchen
NEBENSACHE
Zu den Essays westdeutscher Autoren. Deutsche
Gegenwartsliteratur. Ausgangspositionen und
aktuelle Entwicklung. Hg. v. Manfred Durzak,
Stuttgart, Reclam Verlag 1981, S. 361

134) Lenz Prütting
ARNO SCHMIDT
Kritisches Lexikon der deutschspr. Gegenwartsliteratur. Hg. v. H.L. Arnold, (Loseblatt-Lieferung), München, Edition Text & Kritik 1981,
14 Seiten und 8 Seiten Bibliographie.

135) Albert Pütz (n.v.)
POCAHONTAS ODER WIE BESCHÄMEND
Arno Schmidt in Rheinland-Pfalz
Literatur in Rheinland-Pfalz, Anthologie 2, Sachliteratur. Hg. v. S. Faschon ua., Mainz, H. Krach,

Verlag 1981, S. 328-333.

136) Friedrich Sieburg
UM EIN HAAR
F.S., Zur Literatur 1924-1956. Hg. v. F.J. Raddatz, Stuttgart, Deutsche Verlags-Anstalt 1981, S. 358-360, (zum Faun).

137) Friedrich Sieburg
1. LEVIATHAN UND UNDINE;
2. GLÜHENDER BÜCHERWURM;
3. KEIN BLOSSER SCHULFUCHS
F.S., Zur Literatur 1957-1963. Hg. v. F.J. Raddatz, Stuttgart, Deutsche Verlags-Anstalt 1981, 1. S. 94-98, 2. S. 117f. (zu Dya Na Sore), 3. S. 267-270 (zu Belphegor).

138) Hubert Witt (n.v.)
NACHWORT
Arno Schmidt, Aus dem Leben eines Fauns, Kurzromane. Auswahl und Nachwort von H.W., Leipzig, Reclams Universal-Bibliothek Band 794, 1981, S. 322-350.

139) Viktor Zmegač ua.
o.T.
Sciptors Geschichte der deutschen Literatur. Von d. Anfängen b. z. Gegenwart, Königsstein, Scriptor-Verlag 1981, S. 357, ("Ein bahnbrechender...").

140) Hans Wollschläger
ERSTE ANNÄHERUNG AN DEN 'SILBERNEN LÖWEN'
Zur Symbolik und Entstehung, Protokolle, Zeitschrift für Literatur und Kunst, Heft 1, 1982, S. 1-34.

141) Bernd Rauschenbach
ARNO SCHMIDT
Letzte Porträts, fotografiert von B.R.,

Protokolle, Zeitschrift für Literatur und Kunst, Heft 1, 1982, S. 49-52.

142) Bernd Rauschenbach
SCHWIERIGKEITEN BEIM FOTOGRAFIEREN DER WAHRHEIT
Protokolle, Zeitschrift für Literatur und Kunst, Heft 1, 1982, S. 53.

143) F.(riedrich) Peter Ott
GEDANKENSPIEL ALS (SELBST-)PORTRÄT
Arno Schmidts "kaff auch Mare Crisium" (!), Protokolle, Zeitschrift für Literatur und Kunst, Heft 1, 1982, S. 35-48.

144) Ulrich Goerdten
ZEICHENSPRACHE, WURZELHOLZ UND WIDERSTAND
Arno Schmidts Erzählung "Kühe in Halbtrauer" als Vier-Instanzen-Prosa gelesen, Protokolle, Zeitschrift für Literatur und Kunst, Heft 1, 1982, S. 61-80.

145) Friedrich P.(eter) Ott
ARNO SCHMIDT: 1914-1979
Partisan Review, Heft 1, 1982, S. 68-74.

146) Hans Wollschläger
DIE INSEL
Eine Metapher für Arno Schmidt
Süddeutsche Zeitung, 3.4.82.

147) Hans Wollschläger
"O KRÜPPLICHTE UNSTERBLICHKEIT"
Über das Spätwerk/Aus der Rede des Arno-Schmidt-Preisträgers
Frankfurter Rundschau (Zeit und Bild), 3.4.82.

148) Jörg Drews
SEY MIR GEPRIESEN, MANN AUS DUBLIN!"
WDR 3, 15. (16.?)6.82, Ms. 5 Seiten.

149) Jörg Drews
ARNO SCHMIDT
Harlekijn (Hamburg), 3. Jg., Nr. 6, 1982, S. 25-30.

150) Jörg Drews
EIN NEUER RAUBDRUCK VON "ZETTELS TRAUM"
Süddeutsche Zeitung, 11.8.82.

151) Wolfgang Marx
GENI(T)ALE TIEFENSCHAU
Psychologie heute, Aug. 1982, S. 30-33.

152) Alice Schmidt / JP Reemtsma
NACHBEMERKUNG (zu Arno Schmidts "Zwischenwort zur POE-Frage")
Der Rabe, Magazin für jede Art von Literatur, Nr. 1, September 1982, S. 34.

153) Hans Wollschläger
VORBEMERKUNG (zu Arno Schmidts "Zwischenwort zur POE-Frage"
Der Rabe, Magazin für jede Art von Literatur, Nr. 1, September 1982, S. 23.

154) Hans Haider
NOCH RASCH ARNO SCHMIDT EINLAGERN!
Die Presse, Wien, 12.10.82.

155) Hans Wollschläger
ICH-SUCHE - JENSEITS DER GESCHICHTE
Ueber ein Thema im Werk von Arno Schmidt.
Neue Züricher Zeitung (Fernausgabe), 17.12.82.

156) Peter Kock
ARNO SCHMIDT - EIN DEUTSCHER JOYCE?
Umbruch, Zeitschrift für Kultur (Frankfurt), Nr. 12, Dez. 1982, S. 27-31.

157) Gerhard Charles Rump
SCHMIDT, JOYCE UND DIE SUPRASEGMENTALIEN
Zum schriftsprachlichen Ausdruck suprasegmenteller Einheiten bei Arno Schmidt und James Joyce, Interaktionsanalysen, Aspekte dialogischer Kommunikation. Hg. v. G.C.R./ Wilfried Heindrichs, Hildesheim, Gerstenberg Verlag 1982, S. 222-238.

158) Eckhard Rolf
ZUR STRUKTUR DER INFORMATIONSDIALOGE ARNO SCHMIDTS
Interaktionsanalysen, Aspekte dialogischer Kommunikation. Hg. v. Gerhard Charles Rump/ Wilfried Heindrichs, Hildesheim, Gerstenberg Verlag 1982, S. 143-159.

159) Bernd Leistner
NACHWORT
Arno Schmidt, Vom Grinsen des Weisen. Ausgewählte Funkessays. Auswahl und Nachwort von B.L., Leipzig-Weimar, G. Kiepenheuer Verlag 1982, S. 286-301.

160) Hiltrud Gnüg
WARNUTOPIE UND IDYLLE IN DEN FÜNFZIGER JAHREN AM BEISPIEL ARNO SCHMIDTS
Literarische Utopie-Entwürfe. Hg. v. H.G., Frankfurt, Suhrkamp Taschenbuch Verlag 1982, S. 277-290.

161) Wolfgang Biesterfeld
DIE LITERARISCHE UTOPIE
Stuttgart, Metzlersche Verlagsbuchhandlung, 2.neub. Aufl. 1982, (Smg.-Metzler; M 127:Abt. E, Poetik), (zu Arno Schmidt: S. 61, 89f., 106).

162) (anonym)

ARNO SCHMIDT (n.v.)
Reclams Science-Fiction-Führer. Hg. v. Hans Joachim Alpers ua., Stuttgart, Reclam Verlag 1982, S. 362.

163) (anonym)
SCHMIDT, ARNO
Deutsches Dichterlexikon. Biographisch-bibliographisches Handwörterbuch zur deutschen Literaturgeschichte. Hg. v. Gero von Wilpert, Stuttgart, Kröner Verlag, 2. erweiterte Auflage 1976, Sp. 626f.

164) Uwe Schultz
NACHWORT
Das Tagebuch und der moderne Autor. Texte von Günther Anders ua. Hg. v. U.S., Frankfurt-Berlin-Wien, Ullstein Verlag 1982, S. 127-129.

165) Fritz Senn
o,T.
("Arno Schmidts Breitseite...")
Der Rabe, Magazin für jede Art von Literatur, Nr. 2, März 1983, S. 245.

166) Dieter Kuhn
EIN NICHT ERLEDIGTER FALL
Kürbiskern, Literatur, Kritik, Klassenkampf, Nr. 2, März 1983, S. 79-87.

167) Wilfried F. Schoeller (Moderator)
o.T.
(Beitrag zu Arno Schmidt)
HR 3, Fernsehen, 2.5.83, 22.00-22.45, (Bücherreport).

168) fr.
o.T.

("Alice Schmidt ...")
Frankfurter Rundschau, 5.8.83.

169) F.A.Z.
o.T.
("Alice Schmidt...")
Frankfurter Allgemeine Zeitung, 8.8.83.

170) (anonym)
ALICE SCHMIDT GESTORBEN
Münchner Merkur, 9.8.83.

171) Eike Barmeyer ua.
ARNO SCHMIDT
Die Literaten und ihre Republik, Fernsehfilm,
BR 3, Fernsehen, 17.11.83, 20.05-21-00 Uhr,
(5 Minutenbeitrag zu Schmidt).

172) Josef Huerkamp
DAS PROBLEMATISCHE VORBILD
Über das schwierige Verhältnis des Schriftstellers Arno Schmidt zu Adalbert Stifter,
Vierteljahresschrift des Adalbert-Stifter-Instituts, Jg., 32, Folge 3/4, 1983, S. 163-178.

173) John E. Woods
ARNO SCHMIDT: hacia "Tarde con borde dorado"
Syntaxis, Nr. 2, 1983, S. 14-22, (spanisch).

174) F.(riedrich) Peter Ott
RETRATO DEL ARTISTA DE EDAD MADURA
Syntaxis, Nr. 2, 1983, S. 23-25, (spanisch).

175) Norbert Nicolaus
ARNO SCHMIDT UND DAS DEUTSCHE PUBLIKUM
German Studies in India, Nr. 7, 1983, S. 36-42.

176) Hans Wollschläger
BRUDER KUHN
Erledigung eines nicht erledigten Falles.

Der Rabe, Magazin für jede Art von Literatur, Nr. 4, Sept. 1983, S. 182-215.

177) Hans-Ulrich Treichel
BILDER VOM LETZTEN MENSCHEN
Anmerkungen zum Frühwerk Arno Schmidts
Argumente, Nr. 116, 1983, S. 52-64.

178) Hilde Rubinstein
ZETTEL TRAUM(-DEUTUNG)
Sinn und Form, Beiträge zur Literatur, Heft 4, Juli/Aug. 1983, S. 796-813.

179) Eberhard Gerstmann
WELTBILDER DER NACHKRIEGSZEIT
Eine Untersuchung deutscher literarischer Werke der Jahre 1945-1949, Bern-Frankfurt, Peter Lang Verlag 1983, S. 113-148 Arno Schmidt: Leviathan, S. 206-239 Anmerkung und Bibliographie zu diesem Kapitel, (=Europäische Hochschulschriften, Reihe 1, Deutsche Sprache und Literatur, Band 510), (vorher Dissertation, Siegen 1981).

180) (anonym) (n.v.)
SCHMIDT, ARNO
Geschichte der deutschen Literatur. Band 12. Hg. v. H.-J. Bernhard, Berlin, Verlag Volk und Wissen, S. 186-191.

181) Marcel Reich Reinicki (n.v.)
ARNO SCHMIDTS WERK ODER EINE SELVMADE WORLD IN HALBTRAUER. M.R.R., Deutsche Literaturin Ost u. West. Stuttgart, Deutsche Verlags-Anstalt 1983

182) Hans Wollschläger
ERSTE ANNÄHERUNG AN DEN "SILBERNEN LÖWEN"
Zur Symbolik und Entstehung, Karl May. Hg. v. H. Schmiedt, Frankfurt, Suhrkamp Taschenbuch Verlag 1983, S. 188-228.

183) Fritz Senn (n.v.)
ENTZIFFERUNG & PROBEN
Finnegans Wake in der Brechung Arno Schmidts
F.S., Nichts gegen Joyce. Joyce versus Nothing, 28 Aufsätze aus den Jahren 1964-1983. Hg. v. Franz Cavigelli, Zürich, Haffmans Verlag 1983, S. 261-277.

184) Jan Philipp Reemtsma / Alice Schmidt
NACHWORT DER HERAUSGEBER
Arno Schmidt, Julia, oder die Gemälde. Scenen aus dem Novecento, Zürich, Haffmans Verlag, 18.1.1983, unpaginiert (3 Seiten).

185) Volker Wehdeking
ALFRED ANDERSCH
Stuttgart, Metzler Verlag 1983, (zu Schmidt: S. 22f., 32f., 68f., 74f.,), (=(Smlg. Metzler, M 207, D, Literaturgeschichte).

186) Wolfram Schütte
ARNO SCHMIDT UND EDGAR ALLAN POE
Ein Doppelporträt im Gegenlicht
HR 2, 18.1.84, 09.00 Uhr.

187) Rudolf Schmitt / Jan Philipp Reemtsma
INTERVIEW
Flattersatz, Zeitschrift für Literatur (Göttingen), Heft 1, 1984, S. 19-38.

188) Werner Helwig
ERINNERUNG AN ARNO SCHMIDT
Der Rabe, Magazin für jede Art von Literatur, Nr. 5, Jan. 1984, S. 216-219.

189) Roger Ernst
EIN MANN WIE EIN BAUM
Zitty, Berliner Stadtmagzin, Heft 4, 1984, S. 39-41.

190) Jörg Drews
EIN KOSMOS, DURCHTOBT VON WIDERSPRÜCHEN
Einführung in das Werk Arno Schmidts.
Vortrag im Deutschen Haus der Columbia University, New York, 20.3.84.

191) Rainer Hendel
ARNO SCHMIDT IM DEUTSCHUNTERRICHT DER KOLLEGSTUFE.
Eine Unterrichtssequenz zu der Erzählung "Gadir"
Anregung, Zeitschrift für Gymnasialpädagogik, Heft 3, 1984, (Bayrischer Schulbuch Verlag).

192) Elisabeth Albertsen
WAS NE EIGNFINDIJE EXISTÄNZ
Ein Besuch im Bargfeld Arno Schmidts
Stuttgarter Zeitung, 21.4.84.

193) Jörg Drews
AN AUTHOR AND HIS CONGREGATION
The Social- and Psychological Backround to Arno Schmidts Readership: Some Empirical Problems.
Vortrag vor dem Colloquium "Interpretation-Discourse-Society. Interdisciplinary Paradigms in Literary Scholarship", Standfort University, 27.-29.4.84.

194) Regina Reiser (Rainer Griese)
FOTOGRAFISCHE ANNÄHERUNG AN ARNO SCHMIDT
foto-scene, Magazin für Fotografie, 7. Jg., Nr. 5, Mai 1984, S. 22-23.

195) Karl Corino / Jan Philipp Reemtsma
INTERVIEW
HR 2, 20.6.84 (30 Minuten).

196) Uwe Laugwitz
TOPOGRAPHISCHE NOTIZEN IM WEITESTEN SINN.

Marginalien zu Arno Schmidts "Lilienthal,
Protokolle, Zeitschrift für Literatur und Kunst,
Heft 2, 1984, S. 81-95.

197) Klaus Isele
WIDER DIE BUCHSTABENKRETIN
Fränkischer Tag, Bamberg, 27.8.84.

198) Arno Schmidt Stiftung
ERSTES GESAMTVERZEICHNIS DER EDITIONEN
Bargfeld-Zürich, Arno Schmidt Stiftung/Haffmans Verlag, Herbst 1984, 16 Seiten.

199) Heinrich Vormweg
AUCH ER IM ELYSIUM
Vom Nachleben des Arno Schmidt
WDR 3, 2.11.84.

200) Jan Philipp Reemtsma
NACHWORT
Arno Schmidt, Dichtergespräche im Elysium, Zürich, Haffmans Verlag,18.1.1984, Band 1, Transkription des handschriftlichen Originals, S. 147-159.

201) Jan Philipp Reemtsma / Alice Schmidt
NACHBEMERKUNG DER HERAUSGEBER
Arno Schmidt, Dichtergespräche im Elysium, Zürich, Haffmans Verlag, 18.1.1984, Band 1, Transkription des handschriftlichen Originals, S. 161f.

202) Peter Rühmkorf
EIN EINZELGÄNGER ALS SAMMELADRESSE
Für Arno Schmidt, P.R., Bleib erschütterbar und widersteh, Aufsätze, Reden, Selbstgespräche, Reinbek bei Hamburg, Rowohlt Verlag 1984, S. 118-121.

203) Rudi Schweikert
ERSTE LIEBE MIT LETZTER KRAFT
Lovecraft - eine späte Lektüreerfahrung Arno Schmidts und ihre Spuren im Fragment "Julia, oder die Gemälde", über H. P. Lovecraft, Hg. v. Franz Rottensteiner, Frankfurt, Suhrkamp Taschenbuch Verlag 1984, S. 234-268.

204) Heinz Schobeß
ARNO SCHMIDT BEWARB SICH
(Leserbrief)
Frankfurter Allgemeine Zeitung, 23.2.85.

205) Jan Philipp Reemtsma / Bernd Rauschenbach
ARCHIV NOTEN 1, 'ORFEUS'
Der Rabe, Magazin für jede Art von Literatur, Nr. 9, Vorfrühling 1985, S. 188-191.

206) (anonym)
KULTURWELT
Freiburger Nachrichten, 7.5.85.

207) Dieter Zilligen
o. T.
Sendung über Arno Schmidt
ARD, (NDR-Fernsehen), Kulturwelt "Bücherjournal", 7.5.85, 23.15-24.00 Uhr (Über Schmidt ca. 10 Minuten, incl. eines Interviews mit Schmidt aus dem Jahre 1961).

208) Heidi Froreich
Aufenthalt in der Heide
"MOND, NEBEL & REGEN ERSTE QUALITÄT"
Arno Schmidt verbrachte die letzten 21 Jahre seines Lebens in Bargfeld
Neue Westfälische Zeitung, 22.6.85.

208a) Peter K.(ock)
LA-BIMMEL LA-BAMMEL LA-BUMM
Fritz Güdes Jandl-Interpretation überprüft an
Arno Schmidt
Umbruch, Zeitschrift für Kultur, (Frankfurt),
4. Jg., Nr. 4, Aug./Sept. 1985, S. 29-31.

209) Dieter Bensch (n. v.)
RÜCKZUG IN DIE HEIDE. DIE FÜNFZIGER JAHRE
ARNO SCHMIDTS
Die fünfziger Jahre. Hg. v. D. B., Tübingen,
G. Narr Verlag 1985.

210) Werner Steinberg
ARNO SCHMIDT. PORTRÄT EINES AVANGARDISTEN
Arno Schmidt, Briefe an Werner Steinberg,
Zürich, Haffmans Verlag 1985, S. 7-9.

210a) Werner Steinberg
ZU ARNO SCHMIDTS BRIEFEN
Arno Schmidt. Briefe an Werner Steinberg, Zürich,
Haffmans Verlag 1985, S. 33-34, (auch abgedruckt
in: Sinn und Form, Beiträge zur Literatur, Heft
5, 1985).

211) Marcel Reich Reinicki (n.v.)
ARNO SCHMIDTS WERK ODER EINE SELVMADE WORLD
IN HALBTRAUER
M. R. R., Deutsche Literatur in West und Ost,
München, Deutscher Taschenbuch Verlag 1985,
S. 95-119.

2.4 ZU DEN LITERATURPREISEN

212) dpa
FONTANE-PREIS FÜR ARNO SCHMIDT
Frankfurter Rundschau, 19.3.64.

213) Stahlberg Verlag
FONTANE-PREISTRÄGER 1964 ARNO SCHMIDT
(Anzeige)
Börsenblatt, 24.3.64.

214) Rowohlt Verlag
ARNO SCHMIDT FONTANEPREIS 1964
(Anzeige)
Börsenblatt, 24.3.64.

215) (anonym)
ARNO SCHMIDT ERHÄLT DEN GOETHE-PREIS
Braunschweiger Zeitung, 11.7.73.

216) (anonym)
GAB DER SPRACHE NEUE IMPULSE
Arno Schmidt erhält den Frankfurter Goethe-Preis
Neue Westfälische, Bielefeld, 11.7.1973.

217) (anonym)
GOETHEPREIS FÜR ARNO SCHMIDT
Pariser Kurier, 1.8.73.

218) (anonym)
ARNO SCHMIDT BLEIBT LIEBER IN DER HEIDE
Neue Hannoversche Presse, hp Rundschau, 27.8.73.

219) (anonym)
Frankfurt
ARNO SCHMIDT KOMMT NICHT
Zur Verleihung des Goethepreises
Wiesbadener Kurier, 28.8.73.

220) (anonym)
Goethepreis in Frankfurt
ARNO SCHMIDT KAM NICHT
Braunschweiger Zeitung, 30.8.73.

221) (anonym)
Schriftsteller Arno Schmidt erhielt den
Frankfurter Goethe-Preis
"NICHT VERHEIZTER INTELLEKTUELLER"
Westfälische Rundschau, Dortmund, 30.8.73.

222) Dr. Wilhelm von Ammon
ARNO SCHMIDT
"Der Schriftsteller soll alleine gehen"
Leserbrief (zur Goethe-Preis-Rede)
Christ und Welt, 21.9.73.

2.5 ZU GEBURTSTAGEN

223) (anonym)
ARNO SCHMIDT 50 JAHRE
Mittag, 17.1.64.

224) H. M. Sch.
EIN IMMER NOCH UMSTRITTENER FALL
Arno Schmidt wurde sechzig - Wer ihn verstehen will, muß Bibliotheken durchgelesen haben
Schleswig-Holsteinische Landzeitung, 18.1.74.

225) (anonym)
"PIONIER" DER SPRACHE ARNO SCHMIDT 60 JAHRE
Ruhr-Nachrichten, 19.1.74.

226) M. C. K.
ARNO SCHMIDT: EIN EREMIT UNTER DEN SCHRIFTSTELLERN
Berliner Morgenpost, Berlin West, 17.1.75(!).

227) J. Neuhaus
FLEISSARBEIT IN SELBSTGEWÄHLTER ZURÜCKGEZOGENHEIT
Der Schriftsteller und Übersetzer Arno Schmidt bleibt ein kompromißloser Neuerer im Literaturbetrieb
Celler Zeitung, 16.1.79.

228) J. Neuhaus
BERÜHMT DURCH "ZETTELS TRAUM"
Fleißarbeit in Selbstisolation: Der Schriftsteller und Übersetzer Arno Schmidt 65 Jahre alt
Offenburger Tageblatt, 17.1.79.

229) Gerda Kaltwasser
Der Schriftsteller, Übersetzer und Literatur-Vermittler Arno Schmidt wird 65
EINER ALS GELEHRTENREPUBLIK
Rheinische Post, Düsseldorf, 17.1.79.

230) Hellmut Jaesrich
Arno Schmidt, der "deutsche James Joyce", wurde 65 Jahre alt
LOGARITHMENTAFEL MIT SEX
Die Welt, Berlin West, 17.1.79.

231) Willem P.(eter) Engel
DER "WORTMETZ" WIRD 65
Arno Schmidt schuf im Heidedorf eine Welt aus Literatur
Kreiszeitung Wesermarsch, Nordenham, 17.1.79.

232) Jörg Drews
MYTHOS ZU LEBZEITEN
Der Autor und Übersetzer Arno Schmidt wird morgen 65 Jahre alt
Badische Zeitung, Freiburg i. Br., 17.1.79.

233) ct.
KÜHNSTER PIONIER DER DEUTSCHEN EPIK
Arno Schmidt wird 65
Südwest-Presse, Ulm, 18.1.79.

234) (Willem) Peter Engel
LITERAT AUF DER HEIDE
Arno Schmidt 65
Augsburger Allgemeine, 18.1.79.

235) Hans J. Schütz
"DER SCHRIFTSTELLER SOLL ALLEINE GEHEN"
Blick in eine heillos zerfallene Welt:
Der Autor Arno Schmidt wurde 65
Vorwärts, 18.1.79.

236) Willem P.(eter) Engel
EINE WELT AUS LITERATUR
Arno Schmidt wird 65
Darmstädter Echo, 18.1.79.

237) F. R.
ARNO SCHMIDT 65
Der Tagesspiegel, 18.1.79.

238) Reimar Hollmann
ERWÜNSCHTER STÖRENFRIED: ARNO SCHMIDT
Neue Hannoversche Presse, hp Rundschau, 18.1.79.

239) Josef Huerkamp
VERGNÜGLICH UND IRRITIEREND UNTERHALTSAM
Der Schriftsteller Arno Schmidt begeht heute seinen 65. Geburtstag
Mannheimer Morgen, 18.1.79.

240) Kurt Jauslin
"MÄCHTIG IM NIE-GEWESENEN"
Arno Schmidt wird 65 - Außenseiter der Literatur
Westdeutsche Allgemeine Zeitung, Essen, 18.1.79.

241) Wolfgang Jüngling
AUS DEM ALLTAG EINES ARNO-SCHMIDT-LESERS
Eine schriftliche Ansprache zum 65. Geburtstag
Frankfurter Rundschau, 18.1.79.

242) Maria Osterkamp
DER MIT DEN VERRÜCKTEN BÜCHERN
Arno Schmidt, heute 65, als dauerhaftes Lese-Erlebnis
Saarbrücker Zeitung, 18.1.79.

243) Hans-Heinrich Pardey
DER GRÖSSTE LEBENDE PLAGIATOR
Goethe-Preisträger Arno Schmidt erreicht in seiner Heide-Klausur das Pensionsalter
Frankfurter Neue Presse, 18.1.79.

244) Heiko Postma
WORTMETZ UND POLYHISTOR
Schriftsteller Arno Schmidt wird am 18.1.79 65 Jahre alt
Nordwest-Zeitung, Oldenburger Nachrichten, 18.1.79.

245) U. E.
Arno Schmidt 65
EXZENTRISCHER EINZELGÄNGER
Kieler Nachrichten, 18.1.79.

246) Hans J. Schütz
"DER SCHRIFTSTELLER SOLL ALLEINE GEHEN"
Blick in eine heillos zerfallene Welt:
Der Autor Arno Schmidt wurde 65
Vorwärts, 18.1.79.

247) Bernd Rauschenbach
LANDSCHAFT & ZEICHEN
Arno Schmidt zum 65. Geburtstag
Katalog: Galerie Stübler, Hofheim am Taunus, 1979, 17 Blatt.

248) Helmut Heißenbüttel
SCHNAPPSCHÜSSE AUS BARGFELD
Arno Schmidt zum 65. Geburtstag
An alle - Zeitschrift für Kultur, Wiedmarschen, Okt. Nov. 1979, S. 3-7.

249) Heinrich Vormweg
GEBURTSTAG DES SCHRIFTSTELLERS ARNO SCHMIDT
WDR 2, Zeitzeichen, 18.1.84, 09.10 - 09.20 Uhr,
(Aufnahme 16.1.84, Ms. 8 Seiten).

250) Ludwig Harig
LÖCHRIGES DASEIN
Arno Schmidt wäre 70 Jahre geworden
Deutsche Volkszeitung, Die Tat, 20.1.84.

251) Thomas Schreiber
SCHMIDT IST GEFÄHRLICH!
Am 18. Januar wäre Arno Schmidt 70 geworden - inzwischen liest man sogar seine Bücher
Konkret, Heft 2, Feb. 1984, S. 72-74.

252) Michael Schardt
Am 18. Januar wäre Arno Schmidt siebzig Jahre geworden
ER SCHRIEB DAS DICKSTE BUCH DER WELT
Anmerkungen zu seinem Leben, Werk und politischen Standort
Wünschelrute, 2. Jg., Nr. 1, Paderborn, Feb./März 1984.

2.6 NACHRUFE

253) Hartwig Suhrbier
EIN MYTHOS SCHON ZU LEBZEITEN
WDR III, 7.6.79, 19.30 Uhr, (Ms 3 Seiten).

254) (anonym)
AUTOR DES SUPERBUCHES TOT
Express, Köln, 7.6.79.

255) (anonym)
DER "WORTMETZ VON BARGFELD" MACHTE MIT SEINEN SCHREIBFEHLERN LITERATUR
Der Schriftsteller Arno Schmidt starb im Krankenhaus von Celle
B. Z., Berlin - West, 7.6.79.

256) F.R.
IM BANN DER WORTE
Poesie als Puzzlespiel: Arno Schmidt starb in Celle
Der Abend, Berlin - West, 7.6.79.

257) Hans Jansen
AUSSENSEITER VON WELTRANG
Zum Tod des Schriftstellers Arno Schmidt
Westdeutsche Allgemeine Zeitung, 7.6.79.

258) A. B.
"MEISTER DER VERSCHREIBKUNST"
Zum Tode des Schriftstellers Arno Schmidt
Allgemeine Zeitung, Mainz, 8.6.79.

259) (anonym)
AUF DER SUCHE NACH EINER NEUEN ERZÄHLFORM
Zum Tod des Literatur-Außenseiters Arno Schmidt
Braunschweiger Zeitung, 8.6.79.

260) (anonym)
SCHRIFTSTELLER ARNO SCHMIDT GESTORBEN
Solothurner Zeitung, 8.6.79.

261) A. B. (Alexander Bauer)
MEISTER DER "VERSCHREIBKUNST"
Zum Tode des Schriftstellers Arno Schmidt
Allgemeine Zeitung, Mainz, 8.6.79.

262) (anonym) (Alexander Bauer)
ARNO SCHMIDT
Radikaler Avantgardist
Trierischer Volksfreund, 8.6.79.

263) (anonym) (Alexander Bauer)
AVANTGARDIST DER LITERATUR
Der Schriftsteller Arno Schmidt ist gestorben - Die "Verschreibkunst"
Fuldaer Zeitung, 8.6.79.

264) (anonym)(Alexander Bauer)
SCHRIFTSTELLER ARNO SCHMIDT
Nordwest - Zeitung, Oldenburger Nachrichten, 8.6.79.

265) (anonym) (Alexander Bauer)
"ZETTELS TRAUM" ZU ENDE
Der Schriftsteller Arno Schmidt starb im 65. Lebensjahr
Offenburger Tageblatt, 8.6.79.

266) Alexander Bauer
RADIKALER AVANTGARDIST
Der Schriftsteller Arno Schmidt starb 66-jährig (!) in Celle
Neue Osnabrücker Zeitung, 8.6.79.

267) Alexander Bauer
RADIKALER NEUERER
Zum Tod des Schriftstellers Arno Schmidt
Düsseldorfer Nachrichten, 8.6.79.

268) Alexander Bauer
"WORTMETZ VON BARGFELD"
Arno Schmidt starb im 66. Lebensjahr
Oberhessische Presse, Marburg, 8.6.79.

269) Alexander Bauer
DER WORTMETZ VON BARGFELD
Zum Tode des Schriftstellers Arno Schmidt
Nordbayerischer Kurier, Bayreuth, 8.6.79.

270) Hans Bertram Bock
LEBEN IM EIGENEN KOSMOS
Zum Tod des bedeutenden, exzentrischen Literatur-Außenseiters:"Gehirntier" Arno Schmidt
Nürnberger Nachrichten, 8.6.79.

271) Jürgen Busche
ZETTELS TRÄUMER
Vom Leben und Schreiben eines literarischen Tüftlers / Zum Tod des Schriftstellers Arno Schmidt
Frankfurter Allgemeine Zeitung, 8.6.79.

272) Jörg Drews
DER GROSSE PAN IST TOT
Arno Schmidt starb im Alter von 65 Jahren
Süddeutsche Zeitung, 8.6.79.

273) e.t.
ARNO SCHMIDT - ZERTRÜMMERER DER GEWOHNTEN SPRACHFORMEN
Ruhr - Nachrichten, 8.6.79.

274) e.t.
ARNO SCHMIDT - ZERTRÜMMERER DER GEWOHNTEN SPRACHFORMEN
Rheinische Nachrichten, 8.6.79.

275) Peter Härtling
...ZUM TOD VON ARNO SCHMIDT
Er nahm die Brille ab, um mich nicht zu sehen
Stuttgarter Nachrichten, 8.6.79.

276) Dieter Hoffmann
ZETTELKASTEN ALS SCHUTZWALL UND TRICKKISTE
Zum Tode desSchriftstellers Arno Schmidt, eines Avantgardisten, der die Jugend von heute schmäht
Frankfurter Neue Presse, 8.6.79.

277) Reimar Hollmann
ARNO SCHMIDTS AMT WAR STÖREN
Außenseiters Abschied
Neue Hannoversche Presse - Rundschau, 8.6.79.

278) J. P.
PIONIER DER NEUEN EPIK
Zum Tod von Arno Schmidt
Kieler Nachrichten, 8.6.79.

279) Gerda Kaltwasser
WORTMETZ MIT GOLDRAND
Rheinische Post, 8.6.79.

280) Gerd Klee
Arno Schmidt
EIN UNZEITGEMÄSSER ALS ZEITGENOSSE
Zum Tode des Schriftstellers und Kritikers
Wiesbadener Kurier, 8.6.79.

281) Martha Christine Körling
MIT DER SPRACHE DER PROVOKATION GEGEN DIE VORGEBLICHE INTAKTHEIT DER WELT GELEBT
Morgenpost, Berlin, 8.6.79.

282) Armin Mohler
EIN GENIE HAT SEIN LEBEN VERZETTELT
Mit einem herrischen Sprung eroberte er die Bühne der deutschen Nachkriegsliteratur - Zum Tode des Dichters Arno Schmidt
Die Welt, Berlin - West, 8.6.79.

283) Wolfgang Nagel
GEHIRNTIER MIT LUPE UND PINZETTE
Zum Tode des Autors Arno Schmidt
Hannoversche Allgemeine, 8.6.79.

284) P. L.
DER WORTMETZ IST TOT
In der deutschen Literatur hatte der Schriftsteller Arno Schmidt eine Ausnahmestellung
Südwest - Presse, Ulm, 8.6.79

285) Jens Rehn
SCHRIFT - STELLER, SCHWERST - SCHREIBER
An-Merkungen und Ab-Markungen zum Tode Arno Schmidts
Der Tagesspiegel, Berlin, 8.6.79

286) Arnd Rühle
ER MACHTE EIN KAFF ZUR GANZEN LITERATUR - WELT
Der Schriftsteller Arno Schmidt starb im Alter von 65 Jahren
Münchener Merkur, 8.6.79.

287) Hartwig Suhrbier
KONSEQUENTER EINZELGÄNGER ABSEITS DES LITERATURBETRIEBS
Mit 65 Jahren ist der Schriftsteller Arno Schmidt gestorben
Badische Zeitung, Freiburg i. Br., 8.6.79.

288) Hartwig Suhrbier
EIN MYTHOS SCHON ZU LEBZEITEN
Zum Tode Arno Schmidts
Frankfurter Rundschau, 8.6.79.

289) Mathias Schreiber
Ein besessener Wortarbeiter, der zeitlebens den Literaturbetrieb mied: Zum Tode des Autors Arno Schmidt
ROBINSON ENTHÜLLT DEN HINTERSINN DER SPRACHE
Seine "Verschreibkunst" fand die Realität in der Phantasie
Kölner Stadt - Anzeiger, 8.6.79.

290) Rolf Vollmann
AUFS LEBEN KOMMT ES NICHT AN
Das Schreiben gilt mehr
Zum Tod von Arno Schmidt
Stuttgarter Zeitung, 8.6.79.

291) wi
DER AUSSENSEITERISCHE "WORTMETZ"
Im Alter von 65 Jahren starb der Schriftsteller Arno Schmidt
Schwäbische Zeitung, Leutkirch, 8.6.79.

292) wpe
DER WORTMETZ VON BARGFELD
Zum Tode des eigenwilligen Schriftstellers und literarischen Schatzgräbers Arno Schmidt
Mannheimer Morgen, 8.6.79.

293) W. T.
DER WORTMETZ VON BARGFELD IN DER HEIDE
Abschied von dem experimentierfreudigen
Schriftsteller Arno Schmidt
Lübecker Nachrichten, 8.6.79.

294) Christoph Kuhn
BESESSEN VON DER SPRACHE, DIE ER ZERTRÜMMERTE
Zum Tode Arno Schmidts, des Autors von
"Zettels Traum"
Tages - Anzeiger Zürich, 9.6.79.

295) Kurt Meyer-Herzog
EIN GROSSER UNZEITGEMÄSSER IST TOT: ARNO
SCHMIDT
Baseler Zeitung, 10.6.79.

296) Ernst Nef
WORTWELT ALS GEGENWELT
Zum Tode von Arno Schmidt
Neue Züricher Zeitung, 11.6.79.

297) (anonym)
DER EREMIT IN DER BÜCHERHÖHLE
Zum Tod des Schriftstellers Arno Schmidt
Der Spiegel, 11.6.79.

298) Sabine Schultze
AUSSENSEITER? MITTELPUNKT?
In der Heide starb 65-jährig Arno Schmidt
Rhein - Neckar - Zeitung, Heidelberg, 12.6.79.

299) Niklas Frank
"PROBIERT & RÜHRT & KOMM-BIENIERT"
Nach dem Tod des Wortdrechslers Arno Schmidt
sind seine Jünger ratloser als zuvor
Stern, 13.6.79.

300) Sigurd Baecker
EIN SAMMLER VON WIRKLICHKEITEN
Respekt vor dem Einzelgänger:
Zum Tode von Arno Schmidt
Vorwärts, 14.6.79.

301) Gerd Ueding
LEBEN HEISST LESEN UND SCHREIBEN
Ein Verirrter aus dem 18. Jahrhundert schrieb das wichtigste Werk der deutschen Literatur unserer Zeit
Deutsche Zeitung, 15.6.79.

302) Walter Kempowski
Mit 65 Jahren starb in Celle der bedeutendste Schriftsteller deutscher Sprache. Er hatte sich eingegraben sein Leben lang, er blieb der menschenscheue Einsiedler, den modischen Linken gefiel er nicht - aber wir werden ohne seine Literatur nicht auskommen.
ER KAM MIR IMMER ALS DER BESSERE MENSCH VOR
EIN NACHRUF AUF ARNO SCHMIDT
Die Zeit, 15.6.79.

303) Paul F. Reitze
DER "WORTMETZ"
Die Autorschaft des Arno Schmidt
Rheinischer Merkur, 15.6.79.

304) Walter Jens
DICHTERS FERNSEHTOD
Die Zeit, 15.6.79.

305) Christoph Wiedmann
Arno Schmidt
"GEHIRNTIER" UND WORTMETZ
Bayern - Kurier, München, 16.6.79.

306) Hans Jansen
LAUTER PRACHTKERLE
Tele-Nachruhm für Dichter und Mimen
Westdeutsche Allgemeine Zeitung, 16.6.79.

307) Werner Fuld
Arno Schmidt
HEIDEPOET
Deutsches Allgemeines Sonntagsblatt, 17.6.79.

308) G. HL.(Georg Hensel)
SCHMIDT-LEGENDEN
Frankfurter Allgemeine Zeitung, 19.6.79.

309) Ludwig Harig
SEINE HERAUSFORDERUNG WAR UNSERE HERAUSFORDERUNG
Zum Tod von Arno Schmidt
Deutsche Volkszeitung, 28.6.79.

310) Heiko Postma
"EBMSO HOFFNUNXLOS WIE GEFASST
Zum Tode Arno Schmidts
Die Horen, Nr. 114, 2. Quartal 1979, S. 142-144.

311) vhg.
"Bücherjournal" im Fernsehen
ARNO SCHMIDT IM BILD
Frankfurter Allgemeine Zeitung, 10.7.79.

312) Karl Krolow
DEUTSCH ALS BESESSENHEIT
Handzettel zum Tode Arno Schmidts
Der Literat, Nr. 7, Juli 1979.

313) Klaus T. Hofmann
Vorsicht vor Brandstiftern und allzu zudringlichen Lesern - Ein letzter Besuch bei dem Dichter Arno Schmidt in Bargfeld
KOSTBARKEITEN AUS DEM ALTPAPIERLADEN
Die Welt, 27.9.79.

314) Hansotto Hatzig
ARNO SCHMIDT VERSTARB AM 3.JUNI 1979
Mitteilungen der Karl-May-Gesellschaft 11, Nr. 41, 1979, S. 35.

315) Eckhard Henscheid
EIN LÄCHELN GAR
Arno-Schmidt-Ausstellung zum zweiten Todestag
Frankfurter Rundschau, 27.6.81.

316) Peter Müller
Zum 5. Todestag von Arno Schmidt
EIN LEBEN FÜR DIE KUNST
Die Tageszeitung, 4.6.84.

317) Thomas Küffel
ARNO SCHMIDT, FÜNF JAHRE DANACH
Wiener Journal, Nr. 45, 1984.

318) Jörg Drews
ARNO SCHMIDT
Deutsche Abschiede. Hg. v. Gerhard Hag. Mit einem Essay von F.J. Raddatz, München 1984, S.421-427.

2.7 ZUM NACHLASS-STREIT, EDITIONEN

319) sin
GESAMTAUSGABE ARNO SCHMIDT
Abendzeitung, München, 23.7.73.

320) WoS (Wolfram Schütte)
ARNO SCHMIDT PREIS: 50.000 DM
Eine Stiftung gegründet / Werkausgabe geplant
Frankfurter Rundschau, 13.10.81.

321) (anonym)
IM NAMEN VON ARNO SCHMIDT
Preis-Stiftung des S. Fischer Verlages
Nürnberger Nachrichten, 13.10.81.

322) J. Dr. (Jörg Drews)
NACHLESE ZUR BUCHMESSE
Verlagsgründung und die Arno Schmidt Stiftung
Süddeutsche Zeitung, 20.10.81.

323) (anonym)
ARNO SCHMIDT STIFTUNG GEGRÜNDET
Buchreport, 23.10.81.

324) J. Dr. (Jörg Drews)
HAFFMANS VERLAG ÜBERNIMMT WERKE ARNO SCHMIDTS
Süddeutsche Zeitung, 27.9.82.

325) WoS (Wolfram Schütte)
ARNO-SCHMIDT-ERBEN WECHSELN VERLAG
S. Fischer verliert das Œuvre, Haffmans gewinnt es
Frankfurter Rundschau, 29.9.82.

326) (anonym)
ZÜRICHER VERLAG ÜBERNIMMT WERK ARNO SCHMIDTS
Aargauer Tagblatt, 29.9.82.

327) (anonym)
KILOBUCH WECHSELT VERLEGER
Express, Köln, 30.9.82.

328) F.A.Z.
ARNO SCHMIDT
Rechte bleiben bei S. Fischer
Frankfurter Allgemeine Zeitung, 1.10.82.

329) F.R.
S. FISCHER WILL SCHMIDT HALTEN
Frankfurter Rundschau, 1.10.82.

330) (anonym)
STREIT UM A. SCHMIDTS WERK
Börsenblatt, 1.10.82.

331) (anonym)
S. FISCHER MOBILISIERT SEINE ANWÄLTE GEGEN DEN HAFFMANS VERLAG: STREIT UM DAS WERK VON ARNO SCHMIDT
Buchreport, 1.10.82.

332) S. Fischer Verlag
ZWEITER KOMMENTAR AUS DEM HAUS S. FISCHER
Börsenblatt, 5.10.82.

333) Margit Sprecher
Das erste Programm
ZUM ANFANG ARNO SCHMIDT
Weltwoche, Zürich, 6.10.82.

334) Frank Scheffter (S. Fischer Verlag)
ARNO SCHMIDT
Buchreport, 6.10.82.

335) dpa/SAD
ARNO SCHMIDT STIFTUNG OHNE S. FISCHER
Die Welt, 7.10.82.

336) F.A.Z.
ARNO-SCHMIDT-RECHTE
Kein Verlagswechsel?
Frankfurter Allgemeine Zeitung, 8.10.82.

337) (anonym)
ARNO SCHMIDT STIFTUNG GEHT IN DIE OFFEN-SIVE
Börsenblatt, 15.10.82.

338) (anonym)
QUERELEN UM RECHTE AN ARNO SCHMIDT WERKEN:
RECHTSSTREIT OHNE ENDE?
Buchreport, 15.10.82.

339) (anonym)
(Haffmans Verlag)
STREIT UM ARNO-SCHMIDT-VERÖFFENTLICHUNG
BESCHERT HAFFMANS ERSTE PR-RESONANZ
Buchreport, 22.10.82.

340) Andreas Schön
ARNO SCHMIDT UND DER LANGE WEG DER JUSTIZ
Kein Kompromiß im Streit um Schmidt Werke zwischen S. Fischer Verlag und Schmidt-Stiftung in Sicht
Rheinpfalz, 15.1.83.

341) Dominik Hunger
JULIA GEHT DURCH ALLE INSTANZEN
Baseler Zeitung, 19.1.83.

342) Gunar Ortlepp
BIS ZUM LETZTEN GERICHT
SPIEGEL-Redakteur Gunar Ortlepp über Tod und Erbe des Schriftstellers Arno Schmidt
Der Spiegel, 14.3.83, S. 192-202 und S. 3 - Vorspann.

343) Hans Heinz Hahnl
DIE PAPIERENEN PARADIESE
A.Z., Tageblatt für Österreich, 22.4.83.

344) Urs Hangartner
ARNO SCHMIDT ODER DIE KARNEVALISIERUNG DER LITERATUR
Luzerner Neuste Nachrichten, 27.4.83.

345) J. Dr. (Jörg Drews)
NACHLASS-STREIT
Süddeutsche Zeitung, 18.10.83.

346) Reinhold Schmücker
IST "ZETTELS TRAUM" AUSGETRÄUMT?
Westfalenpost, Hagen, 19.10.83.

347) (anonym)
FISCHER DARF WEITER COOPER-ÜBERSETZUNG VON ARNO SCHMIDT AUSLIEFERN
Buchreport, 28.10.83.

348) Reinhard Hesse
APOKALYPSE IM BUCHVERSAND
Transatlantik, Oktober 1983

349) Wolfram Schütte
GEBT ENDLICH DEN GANZEN SCHMIDT FREI!
70. Geburtstag Arno Schmidts und 175. Edgar Allan Poes: so what?
Frankfurter Rundschau, 19.1.84.

350) Klaus Schöffling
Der Streit um Arno Schmidts Werk
WAS WIRD ER DAMIT MACHEN?
Börsenblatt, 27.1.84

351) (anonym)
DER STREIT UM ARNO SCHMIDTS WERK
Börsenblatt, 31.1.84.

352) Jan Philipp Reemtsma / Arno Schmidt Stiftung, Bargfeld
EIN KOMPROMISSANGEBOT GEMACHT
Jan Philipp Reemtsma zur Verlagszukunft Arno Schmidts
Frankfurter Rundschau, 2.2.84.

353) Jo
NUN REDEN SIE WIEDER
Ist der Streit um Arno Schmidt beigelegt?
Hannoversche Allgemeine Zeitung, 18/19.2.84.

354) Monika Schoeller
"IM INTERESSE ARNO SCHMIDTS WIE IM EIGENEN"
Monika Schoeller (S. Fischer-Verlag) zur Blockade der Werke des Goethe-Preisträgers
Frankfurter Rundschau, 22.2.84.

355) (anonym)
NEUE ENTWICKLUNG IM RECHTSSTREIT UM ARNO-SCHMIDT-WERK: PARTEIEN STREBEN AUSSERGERICHTLICHE EINIGUNG AN
Buchreport, 23.2.84.

356) Klaus Schöffling
Der Streit um Arno Schmidts Werk (II)
FA. FISCHER ./. SCHMIDT
Börsenblatt, 24.2.84.

357) Jörg Drews
STREIT UM DIE RECHTE AN ARNO SCHMIDT
Richter rät zum Vergleich
Süddeutsche Zeitung, 5.3.84.

358) W. F. (Werner Fuld)
UMSTÄNDEHALBER AUSVERKAUFT
Deutsches Allgemeines Sonntagsblatt, 13.3.84.

359) Bernd Rauschenbach, Arno Schmidt Stiftung
DER STREIT UM ARNO SCHMIDTS WERK (III)
Börsenblatt, 16.3.84.

360) (anonym)
ARNO-SCHMIDT-WERK UND KEIN ENDE?
Börsenblatt, 20.3.84.

361) Ulrich Goerdten
AUTOR AUF SCHWUNDSTUFE
Evangelische Kommentare, März 1984.

362) Fritz J. Raddatz
DAS MÜNDEL WILL VORMUND SEIN
Der Millionenerbe Jan Philipp Reemtsma, Arno-Schmidt-Nachlaßverwalter und Gründer des "Hamburger Instituts für Sozialforschung": ein Mäzen neuen Typus'?
Die Zeit, 13.4.84.

363) F.A.Z.
HINWEIS
Frankfurter Allgemeine Zeitung, 14.8.84.

364) J. Dr. (Jörg Drews)
ARNO-SCHMIDT-AUSGABE NIMMT GESTALT AN
Süddeutsche Zeitung, 28.9.84.

365) HS (Hartwig Suhrbier)
WEITER STREIT UM ARNO SCHMIDT
S. FISCHER WILL NEU AUFLEGEN
Frankfurter Rundschau, 13.11.84.

366) Franz Josef Görtz
SKANDALÖSES TRAUERSPIEL
Der Kampf um Arno Schmidt
Frankfurter Allgemeine Zeitung, 14.11.84.

367) (anonym)
AUSSERGERICHTLICHE EINIGUNG UM ARNO-SCHMIDT-RECHTE IST GESCHEITERT - S. FISCHER WILL NUN DIE HARDCOVER-AUSGABEN UNVERÄNDERT NACHDRUCKEN
Buchreport, 15.11.84.

368) Karl Corino
ZETTELS ALBTRAUM
Juristische Auseinandersetzung um die Edition Arno Schmidts
Stuttgarter Zeitung, 16.11.84.

369) S. Fischer Verlag / Arno Schmidt Stiftung
DER STREIT UM ARNO SCHMIDTS WERK GEHT WEITER
2 Presseerklärungen
Börsenblatt, 16.11.84.

370) Jörg Drews
STREIT UM ARNO SCHMIDT GEHT WEITER
Keine Einigung zwischen der Stiftung und dem S. Fischer Verlag
Süddeutschen Zeitung, 17.11.84.

371) Jan Philipp Reemtsma / Mehnert
STREITGESPRÄCH
HR, (Kulturmagazin), 18.11.84, 17.00 Uhr

372) Nicolaus Neumann
SPÄTES GERANGEL UM EIN GENIE
Stern, 29.11.84.

373) Dietrich Leder
Ein Rechtsstreit zwischen Verlagen blockiert Ausgaben der Werke von Arno Schmidt
DER KLASSIKER OHNE LESER
Viele sind Schuld am Literatur-Skandal
Kölner Stadt-Anzeiger, 12.12.84.

374) Martin Halter
"ALLE VERLEGER SIND SCHUFTE"
Arno Schmidt und seine Verlage - eine Odyssee und ein Prozeß
Badische Zeitung, Freiburg i. Br., 14.12.84.

375) dpa
ARNO SCHMIDT IN REPRINT-AUSGABE
Rhein-Sieg-Rundschau, Siegburg, 19.12.84.

376) (anonym)
ARNO-SCHMIDT-REPRINT
Börsenblatt, 21.12.84.

377) WoS (Wolfram Schütte)
DIE JAGD IST AUF
Fischers Fischzug mit Arno-Schmidt-Reprints
Frankfurter Rundschau, 21.12.84.

378) F.A.Z.
Um die Werke Arno Schmidts
KEIN ENDE DES STREITS
Frankfurter Allgemeine Zeitung, 24.12.84.

379) dpa
EINSTWEILIGE VERFÜGUNG GEGEN S. FISCHER-VERLAG
Süddeutsche Zeitung, 24./26.12.84.

380) dpa
Fischer Verlag muß in die Tasche greifen
VIEL GELD FÜR ARNO SCHMIDT
Neue Westfälische Zeitung, Bielefeld,
27.12.84.

381) S. Fischer Verlag
ARNO SCHMIDT
- Sein Werk im Fischer Verlag
Verlagsprospekt, Dezember 1984, 4 Seiten,
(darin im Typoskriptstil eine Seite zum Nachlaßstreit, Copyright by MS (Monika Schoeller) nach AS).

382) Gerd Haffmans
ARNO SCHMIDT UND SEINE VERLEGER
Verlagsprospekt, Zürich, o. J. (Dezember 1984),
(8 Seiten), S. 1.

383) (anonym)
DER STREIT UM DIE RECHTE AM WERK ARNO SCHMIDTS
SPITZT SICH ZU - S. FISCHER MUSS FÜR DREI
REPRINTS 200.000 DM SICHERHEIT HINTERLEGEN
Buchreport, 3.1.85.

384) fr
ARNO SCHMIDT ff
Fortgesetzter Streit & Ausstellung
Frankfurter Rundschau, 4.1.85.

385) (anonym)
EV GEGEN S. FISCHER VERLAG
Börsenblatt, 4.1.85.

386) dpa
DER STREIT GEHT WEITER
Um die Rechte an Arno Schmidt
Frankfurter Allgemeine Zeitung, 5.1.84.

387) (anonym)
STREIT UM ARNO SCHMIDT GEHT WEITER
Die Presse, Wien, 7.1.85.

388) (anonym)
SCHMIDT: S. FISCHER OBSIEGT
Börsenblatt, 8.1.85.

389) (anonym)
JUSTIZ -KULTUR
Die Zeit, 11.1.85.

390) (anonym)
EINSTWEILIGE VERFÜGUNG IN SACHEN ARNO SCHMIDT
Die Welt, 19.1.85.

391) Heiko Postma
NEUES VON ARNO SCHMIDT. EIN DIALOG.
(Zur Situation im Verleger-Streit, über die neusten Editionen von Schmidts Werken sowie die jüngste Sekundärliteratur).
NDR III, 17.2.85, 22.40-23.00 Uhr.

392) (anonym) (Harald Wiesner)
ARNO SCHMIDT IN 8 BÄNDEN
Der Spiegel, 18.3.85.

393) dpa
ARNO SCHMIDT ALS MARK TWAIN VERKAUFT
Haffmans landet Überraschungscoup mit Schmidt-Buchkassette
Süddeutsche Zeitung, 20.3.85.

394) AP
"Operation Mark Twain" eines Verlages
ÜBERRASCHUNGSCOUP MIT SCHMIDT-BUCHKASSETTE
Neue Westfälische Zeitung, Bielefeld, 21.3.85,

(Tagesspiegel 20.3., Kölner Stadt-Anzeiger 20.3., Westfälische Rundschau 20.3. Süddeutsche Zeitung 20.3., Kölner Rundschau 20.3., Rheinische Post 21.3 ua.).

396) (anonym)
SCHMIDT
Die Tageszeitung, 21.3.85.

397) (anonym)
IN DER AUSEINANDERSETZUNG UM DIE WERKE ARNO SCHMIDTS KONTERT HAFFMANS JETZT DIE FISCHER-REPRINTS MIT "ZÜRCHER AUSGABE"
Buchreport, 21.3.85.

398) Dietrich Leder
ARNO SCHMIDTS WIEDERKEHR
Kölner Stadt-Anzeiger, 22.3.85.

399) Jörg Drews
SCHWÄRMER UND LITERARISCHER TALKMASTER
Polemisches und Radiophones aus dem Nachlaß Arno Schmidts
Süddeutsche Zeitung, 28.3.85.

400) Jeremias Grimm
EIN MÄZEN, DER DAS LICHT SCHEUT
Auffällig unauffällig: Der Sponsor Jan Philipp Reemtsma
Rheinischer Merkur / Christ und Welt, 30.3.85.

401) Rudolf Schmitt
ZWISCHENWORT ZUR SCHMIDT-FRAGE
Flattersatz, Zeitschrift für Literatur, Göttingen, Nr. 1, 1985, S. 117-120.

402) Tom Schimmeck
ZÖGLING UND ERBE
Jan phil. Reemtsma
Transatlantik, Sonderheft Reichtum,
Winter 1/85, S. 44-49.

403) Gerd Haffmans
GESPRÄCH
BuchMarkt, 4/85, S. 70.

404) ART.
NEUES IN SACHEN SCHMIDT ./. SCHMIDT
BuchMarkt, 4/85, S. 68-70.

405) Gerd Haffmans
GEGENDARSTELLUNG
(zu A. Juhres: Der harte Kern der Nostalgie,
Deutsches Allgemeines Sonntagsblatt, 7.4.85)
Brief vom 16.4.85, (Abdruck konnte nicht ermittelt werden).

406) Arno Schmidt Stiftung
PRESSEERKLÄRUNG
(zum urteil des landgerichts hannover vom
25.6.85)
Abdruck: Nachrichten von Büchern und Menschen,
Kommerzielles Werbeblättchen, Bangert & Metzler
Verlag, Frankfurt, Nr.57, Juli 1985.

407) StZ
ARNO SCHMIDT STIFTUNG UNTERLIEGT S. FISCHER
Stuttgarter Zeitung, 26.6.85.

408) dpa
Verlierer: "Nachteilig für alle Autoren"
FISCHER VERLAG SIEGT ÜBER ARNO SCHMIDT STIFTUNG
Neue Westfälische Zeitung, Bielefeld, 27.6.85.

409) dpa
ARNO SCHMIDT STIFTUNG VERLIERT GEGEN S. FISCHER

Süddeutsche Zeitung, 27.6.85.

410) Karl Corino
STIFTUNG IN HALBTRAUER - S. FISCHER HAPPY
Zum Gerichtsurteil in Sachen Arno Schmidt
Stuttgarter Zeitung, 27.6.85.

411) WoS (Wolfram Schütte)
GERICHT ENTSCHEIDET GEGEN ARNO SCHMIDT STIFTUNG
Frankfurter Rundschau, 27.6.85.

412) fjg.
VERHÄLTNISSE
Frankfurter Allgemeine Zeitung, 28.6.85.

413) Dietrich Leder
TRAUERSPIEL MIT HAPPY-END
Kölner Stadt-Anzeiger, 28.6.85.

414) (anonym)
ARMER ARNO
Die Zeit, 5.7.85.

415) Jörg Drews
DER MUSTERFALL ARNO SCHMIDT
Wenn und wann das Vertrauen zwischen Autor und Verlag gebrochen ist
Süddeutsche Zeitung, 17.7.85.

416) Rabe-Redaktion
"DER VOLLE MUND"
Der Rabe, Magazin für jede Art von Literatur, Nr. 9, Vorfrühling 1985, S. 214.

417) Nachtrag:
(anonym)
ARNO SCHMIDT STIFTUNG ERNEUT GEGEN S. FISCHER
Die Welt, 24.12.84.

3. REZENSIONEN ZU DEN WERKEN

3.1 BRAND'S HAIDE

1) Hans Peter Kensy
5 JAHRE NACH DEM KRIEG
Arno Schmidt: Brand's Haide
SDR 2, 30.11.81, 17.45-18.30 Uhr, Ms. 5 Seiten.

2) Karin Reschke
Was lesen Sie gerade - und wie gefällt es Ihnen?
"BRAND'S HAIDE VON ARNO SCHMIDT"
Konkret, Nr. 5, Mai 83, S. 99.

3.2 AUS DEM LEBEN EINES FAUNS

3) Heiko Postma
ARNO SCHMIDT IN KLEINEN APPETITHÄPPCHEN
"Aus dem Leben eines Fauns": Eine Lesung des Schloßtheaters Celle
Hannoversche Allgemeine Zeitung, 11.12.79.

4) Paul E. Hutchinson
SCHMIDT, ARNO. SCENES FROM THE LIFE OF A FAUN
Library Journal, 1.12.82.

5) (anonym)
SCENES FROM THE LIFE OF A FAUN
Arno Schmidt, translated by J. E. Woods
Publishers Weekly, 3.12.82.

6) (anonym)
SCHMIDT, ARNO, SCENES FROM THE LIFE OF A FAUN
Kirkus Reviews, Dez. 1982.

7) Ernst Pawel
GERMAN PROVOCATEUR
New York Times Book Review, 8.5.83, S. 11, 31.

8) S. S. Prawer
A HIDE-OUT IN THE FOREST
Times Literary Supplement, 4.8.83.

9) ML (Martin Lowsky)
Der Rabe rät:
ARNO SCHMIDT: SCÈNES DE LA VIE D'UN FAUNE
Der Rabe, Magazin für jede Art von Literatur, Nr. 8, Herbst 1984, S. 199.

3.3 DAS STEINERNE HERZ

10) Stahlberg Verlag
ARNO SCHMIDT. DAS STEINERNE HERZ / DIE GELEHRTENREPUBLIK
(mit Pressestimmen)
(Anzeige)
Börsenblatt, 15.11.57.

11) Alfred Schmeller
37 CHINESISCHE ARTEN DEN MOND ZU BETRACHTEN
Arno Schmidts Knötchenprosa "Das steinerne Herz"
Alfred Schmeller, Sehschlacht am Canal Grande. Aufsätze und Kritiken, Wien, Jugend und Volk Verlag 1978, S. 35-36.

12) Heiko Postma
"UND IMMER RIN INS NIEMANDSLAND."
Eine Passage aus Arno Schmidts Roman "Das steinerne Herz"
Beispiele 1, 1984.

13) Werner Morlang
DURCHLÖCHERTE REALITÄT
Arno Schmidt: "Das steinerne Herz"
Neue Züricher Zeitung (Fernausgabe), 21.6.85.

3.4 DIE GELEHRTENREPUBLIK

14) Paul Ableman
GERMAN JOKES
The Egghead Republic Arno Schmidt
Spectator, 14.7.79.

15) Hartwig Suhrbier
"EGGHEAD REPUBLIC"
Erster Blick auf Schmidtiana (posthum)
Frankfurter Rundschau, 15.8.79.

16) Ben = Boltz
THE EGGHEAD REPUBLIC BY ARNO SCHMIDT
New Scientist, 16.8.79.

17) Aidan Higgins
NINETEEN NINETY
The Egghead Republic
Hibernia, 23.8.79, S. 18.

18) (anonym)
THE EGGHEAD REPUBLIC
Publishers Weekly, 1.8.80, S. 46.

19) Andrei Codrescu
THE EGG HEAD REPUBLIC:
A SHORT NOVEL FROM THE HORSE LATITUDES
Arno Schmidt translated by Michael Horovitz
The American Book Review, 3.3.81, S. 17.

3.5 ROSEN & PORREE

20) Vladimir Nabokov
ROSEN & PORREE
Konkret, Heft 9, 4.5.60.

21) Stahlberg Verlag
ARNO SCHMIDT ROSEN & PORREE
(Anzeige)
Börsenblatt, 20.5.60.

3.6 KAFF AUCH MARE CRISIUM

22) Stahlberg Verlag
Gewählt zum Buch des Monats Mai 1961
ARNO SCHMIDT KAFF, AUCH MARE CRISIUM
Verlagsprospekt ca. Mai 1961.

3.7 NOBODADDY'S KINDER

23) (anonym)
ARNO SCHMIDT: NOBODADDY'S KINDER
Mittag, 4.7.63.

3.8 SITARA, UND DER WEG DORTHIN

24) Stahlberg Verlag
ARNO SCHMIDT· SITARA UND DER WEG DORTHIN
(Anzeige)
Börsenblatt, 7.3.63.

25) Ingrid Bröning
DIE REISEERZÄHLUNGEN KARL MAYS ALS LITERATURPÄDAGOGISCHES PROBLEM
Ratingen 1973, (zu Schmidt S. 123-125).

26) (anonym)
ARNO SCHMIDTS LETZTE (?) AUSSAGEN ÜBER KARL MAY ODER DER HEIMLICHE WIDERRUF DER "SITARA-THESE".
Mitteilungen der Karl-May-Gesellschaft 16, Nr. 60, 1984, S. 14.

3.9 KÜHE IN HALBTRAUER

27) Stahlberg Verlag
ARNO SCHMIDT KÜHE IN HALBTRAUER
(Vorankündigung, Anzeige)
Börsenblatt, 10.1.64.

28) Karl Heinz Nowotny
Arno Schmidt:
"KÜHE IN HALBTRAUER"
N, notizen für junge Leute, 4. Jg. Heft 4, 1964.

29) H. Schmidt-Brümmer
ARNO SCHMIDT
Kühe in Halbtrauer
Literaturspiegel 1/65.

3.10 DIE RITTER VOM GEIST

30) Paul F. Reitze
"DIE RITTER VOM GEIST"
Wort und Wahrheit, 21. Jg., Heft 12, Dez. 1966, S. 802-804.

3.11 ZETTELS TRAUM

31) Stahlberg Verlag
ARNO SCHMIDT: ZETTELS TRAUM
(Vorankündigung)
Prospekt, ca. Dez. 1969, 4 Seiten.

32) K. H. Kramberg
ARNO SCHMIDT: "ZETTELS TRAUM"
Der Monat, 22. Jg., Heft 261,1970.

33) S. Fischer Verlag
ARNO SCHMIDT: ZETTELS TRAUM
(Vorankündigung, 2. Aufl. in 8 Einzelheften),
Prospekt, 7 Seiten, ca. Winter 72/73.

34) S. Fischer Verlag
ARNO SCHMIDT: ZETTELS TRAUM
(Vorankündigung Studienausgabe),
Börsenblatt, 30.1.73.

3.12 DIE SCHULE DER ATHEISTEN

35) SZ
ARNO SCHMIDTS "SCHULE DER ATHEISTEN" KOMMT IM FRÜHJAHR
Süddeutsche Zeitung, 3.10.71.

3.13 ABEND MIT GOLDRAND

36) S. Fischer Verlag
ARNO SCHMIDT. ABEND MIT GOLDRAND
(Vorankündigung, Anzeige)
Börsenblatt, 2.5.75.

37) K. F.
ABEND MIT GOLDRAND
Arno Schmidts jüngstes Opus
Südwest-Presse, Ulm, 23.6.76.

38) Paul West
BAWDY ROMPS OF A GERMAN CLOWN PRINCE
The egghead Republic:
Evening Edged in Gold
Washington Post, 17.8.80.

39) Hartwig Suhrbier
COLLECTOR'S ITEM
Arno Schmidts "Abend mit Goldrand" auf englisch: ein Zwilling
Frankfurter Rundschau, 19.8.80.

40) S. S. Prawer
ETYMS AND ENDGAMES
Arno Schmidt: Evening Edged in Gold
Times Literary Supplement, London, 5.9.80.

41) Michael Horovitz
GERMAN JOKES
Spectator, 15.9.79, (Leserbrief).

42) D. J. Enright
XPERIMENT
The Listener, 16.9.80.

43) Stuart Evans
EVENING EDGED IN GOLD BY ARNO SCHMIDT
The Times, 22.9.80.

44) J. J. White
EYE-CELLATION
New Statesman, 26.9.80.

45) Michael Irwin
THE ART OF ARNO SCHMIDT
London Review of Books, 2. - 16.10.80.

46) Robert von Berg
VERSCHREIBKUNST, AMERIKANISCH
In den USA erschien Arno Schmidts
"Abend mit Goldrand"
Süddeutsche Zeitung, 11./ 12.80.

47) Inge Judd
SCHMIDT, ARNO. THE EGGHEAD REPUBLIC. EVENING
EDGED IN GOLD
Library Journal, 15.10.80.

48) John E. Woods
Interview: "ABEND MIT GOLDRAND" VON ARNO
SCHMIDT HAT ZWEIEINHALB JAHRE BEANSPRUCHT
Buchreport, 24.10.80.

49) Robert M. Adams
DEVIL'S BREW
The Egghead Republic, Evening Edged in Gold
New York Review of Books, 5.3.81.

50) Jeffrey Burke
HERE BE DRAGONS
Two writers in search of an audience
Evening Edged in Gold, by Arno Schmidt
Harper's, Vol. 262, May 81.

3.14 VORLÄUFIGES ZU ZETTELS TRAUM

51) Karlheinz Schauder
WIE ER SICH RÄUSPERT
Arno Schmidt auf Schallplatten
Frankfurter Hefte, Heft 8, 1978, S. 76-78.

3.15 AUS JULIANISCHEN TAGEN

52) Jörg Drews
NACHRICHTEN AUS DEM LEBEN EINES BÜCHERNARREN
Arno Schmidt: Aus julianischen Tagen
Süddeutsche Zeitung, 15./16. 12.79.

3.16 BERECHNUNGEN III

53) sub (Hartwig Suhrbier)
ARNO SCHMIDT-FANS, HERLESEN!
Frankfurter Rundschau, 19.6.80.

3.17 AUS DEM LEBEN EINES FAUNS
(DDR, 1981)

54) Hartwig Suhrbier
ARNO SCHMIDT JETZT DDR-AUTOR
Mit einer Auswahl früher Prosa
Frankfurter Rundschau (Tat und Bild 15),
Ostern 1982.

55) Hartwig Suhrbier / Fend
GESPRÄCH
Über die erste Textauswahl Arno Schmidts
in der DDR (Die Umsiedler)
WDR 2, Budengasse, Kultur live mit Musik,
5.12.82, 15.00-18.00 Uhr, (ca. 1 Stunde).

3.18 VOM GRINSEN DES WEISEN

56) Hartwig Suhrbier
EIN RIESE DER POESIE
Nürnberger Nachrichten, 16.3.83.

3.19 JULIA, ODER DIE GEMÄLDE

57) V.D.
PREMIERE EINES BUCHES
Fürther Nachrichten, 21.1.83.

58) Wolfgang Nagel
VERTRACKT ÜBER DEN TOD HINAUS
Stern, 10.2.83, S. 88.

59) Gunar Ortlepp
FRÜHES LEID, SPÄTE LIEBE
Über Arno Schmidts "Julia" und ein Buch zu seinem Gedenken
Der Spiegel, 14.3.83, S. 202-205.

60) BaZ
ARNO SCHMIDT: JULIA, ODER DIE GEMÄLDE
Basler Zeitung, 19.3.83.

61) Kurt Meyer-Herzog
ARNO SCHMIDT: ICH SUCHE ALLES UND BEFRAGE ALLES
Basler Zeitung, 19.3.83.

62) Rolf Vollmann
ARNO SCHMIDT. JULIA, ODER DIE GEMÄLDE
SWF, Soiree: Neue Bücher - Neue Texte, 19.3.83, 20.20 - 23.00 Uhr.

63) Wolfgang Gast
Zettels Nachlese
GEHIRN-TIER
Zwei Bücher von und über Arno Schmidt, dem Archivar des Universums
Die Zeit, 25.3.83.

64) Dr. Parschalk / H. H. Hahnl
ARNO SCHMIDT. JULIA, ODER DIE GEMÄLDE
ORF 1, 2.4.83, 16.05 Uhr.

65) Jens Rehn
1914 Arno Schmidt geboren, ein Kalenderblatt
ZETTELS TRAUMA
Deutsches Allgemeines Sonntagsblatt, 3.4.83.

66) Werner Fuld
Hundert Seiten aus dem Nachlaß:
Julia, oder die Gemälde
ARNO SCHMIDT, DER AUS- UND UMGRÄBER DER LITERATUREN
Deutsches Allgemeines Sonntagsblatt, 3.4.83.

67) Siegbert S. Prawer
A HIDE-OUT IN THE FOREST
Times Literary Supplement, 8.4.83.

68) Gerda Kaltwasser
Arno Schmidts nachgelassener Roman "Julia, oder die Gemälde" / Tippfehler oder Verschreiber aus Absicht?
ALTERN - EIN BOHRENDER ABSCHIEDSSCHMERZ
Rheinische Post, 9.4.83.

69) Karlheinz Schauder
Fragment aus dem Nachlaß:
FERIENGÄSTE STÖBERN IN BÜCHERKISTEN
Arno Schmidts letzter Roman "Julia, oder die Gemälde"
Hannoversche Allgemeine Zeitung, 9.4.83.

70) Jörg Drews
DIE LETZTEN HUNDERT SEITEN ARNO SCHMIDTS
Anmerkungen zum Fragment "Julia, oder die Gemälde"
Süddeutsche Zeitung, 16./17.4.83

71) Hans Heinz Hahnl
DIE PAPIERENEN PARADIESE
Arbeiterzeitung, Wien, 22.4.83.

72) Wolfram Schütte
ERSCHÖPFTE REVUE ALS ABSCHIEDSVORSTELLUNG
Arno Schmidts fragmentarisches Nachlaß-typoskript "Julia, oder die Gemälde"
Frankfurter Rundschau, 23.4.83.

73) Urs Hangartner
ARNO SCHMIDT: ZUR ETYM-THEORIE
ARNO SCHMIDT: ORIGINALTÖNE
Mosaiksteine zum Arno-Schmidt-Bild
Luzerner Neueste Nachrichten, 27.4.83.

74) (anonym)
- (HAT HALT AUCH ZUVIEL SCHREIBEN MÜSSEN, WIE ALLE (JULIA 33))
Säzzerbemerkungen zu Arno Schmidts "Julia, oder die Gemälde"
Die Tageszeitung, 13.5.83.

75) Heiko Postma
ZUM LESEN EMPFOHLEN
Julia, oder die Gemälde. Roman von Arno Schmidt.
NDR 3, 6.5.83, 22.05 - 22.30 Uhr.

76) Gert Ueding
Sein Romanfragment "Julia, oder die Gemälde"
ARNO SCHMIDTS LETZTE SACKGASSE
Frankfurter Allgemeine Zeitung, 7.5.83.

77) Karlheinz Schauder
Arno Schmidt: Julia, oder die Gemälde
FRAGMENT AUS DEM NACHLASS
Die Rheinpfalz, 13.5.83.

78) Friedrich Hahn
"Besser 'n magres Mädchen als 'n leerer BH":
Alter Mann verliebt sich in ein Bild
ARNO SCHMIDT: ABSCHIED MIT 100 SEITEN "JULIA"
Der Kurier, (Österreich), 11.6.83.

79) Werner Morlang
"Die Welt der Kunst & Fantasie ist die wahre,
the rest is a nightmare"
Tagesanzeiger, Zürich, 18.6.83.

80) Karlheinz Schauder
Buchzeit
ARNO SCHMIDT: JULIA, ODER DIE GEMÄLDE
SFB 1 und 2, 22.6.83, 16.50-17.00 Uhr.

81) Hartwig Suhrbier
Der Sexus als Motor
ARNO SCHMIDTS NACHGELASSENES FRAGMENT "JULIA"
Nürnberger Nachrichten, 9.7.83.

82) Martin Halter
Arno Schmidts letztes nachgelassenes Buch:
"Julia, oder die Gemälde"
DIE WELT DER KUNST & FANTASIE
Badische Zeitung, Freiburg i. Br., 13./14.8.83.

83) Lothar Schmidt-Mühlisch
LABYRINTHE EINER PAPIERENEN KULTUR
Arno Schmidts Nachlaß "Julia, oder die Gemälde
Die Welt, 15.10.83

84) Burkhardt Linder
F'EIERABEND, YOULIA(R)
Arno Schmidts letzter Roman 'Julia, oder die
Gemälde
Lesezeichen, Frankfurt, Heft 6, 1983, S. 23f.

85) Klaus Seehafer
ARNO SCHMIDT: JULIA, ODER DIE GEMÄLDE
PORTRÄT EINER KLASSE. ARNO SCHMIDT ZUM
GEDENKEN
Neue deutsche Hefte, Jg. 30, Heft 2, 1983,
S. 372-374.

3.20 DICHTERGESPRÄCHE IM ELYSIUM

86) Arno Schmidt Stiftung / Haffmans Verlag / J. P. Reemtsma
DICHTERGESPRÄCHE IM ELYSIUM
Erklärung zur Buchmesse 1983
(Vorankündigung)
Okt. 1983, 3 Seiten.

87) Arno Schmidt Stiftung, J. P. Reemtsma
DICHTERGESPRÄCHE IM ELYSIUM
ARNO SCHMIDTS ARBEITSEXEMPLAR VON FINNIGANS WAKE BY JAMES JOYCE
(Vorankündigung)
Dez. 1983.

88) (anonym)
ARNO SCHMIDTS "DICHTERGESPRÄCHE"
Die Presse, 16.12.83.

89) Jörg Drews
Neue Bücher
ARNO SCHMIDT: DICHTERGESPRÄCHE IM ELYSIUM
NDR 3, 19.1.84, 17.50 - 18.00 Uhr.

90) Jörg Drews
DER REIGEN DER SELIGEN DICHTER
Autoren im Jenseits, aberwitzig und ergötzlich: Arno Schmidts "Dichtergespräche"
Badische Zeitung, Freiburg i. Br., 27.1.84.

91) Werner Morlang
ÜBER DIE "BRÜDER IM GEISTE"
Zum jüngst erschienenen Frühwerk "Dichtergespräche im Elysium"
Tagesanzeiger, Zürich, 12.3.84.

92) Werner Fuld
Arno Schmidt: Dichtergespräche im Elysium" und "Arbeitsexemplar"
GEFANGEN AUF DER WÖRTERINSEL
Deutsches Allgemeines Sonntagsblatt, 18.3.84.

93) Peter Engel
EIN FRÜHWERK ARNO SCHMIDTS
dpa, Hamburg, 28.3.84.

94) Jürgen Manthey
DIE BIBLIOTHEK ALS GRENZE
Die Veröffentlichungen aus dem Nachlaß Arno Schmidts
Frankfurter Rundschau, 13.4.85.

95) Hartwig Suhrbier
VOR DEM SPRUNG INS NICHTS
Arno Schmidts "Dichtergespräche im Elysium" aus dem Nachlaß publiziert - Faksimile der Handschrift
Nürnberger Nachrichten, 26.6.84

96) Anni Carlsson
GROSSE GEISTER UNTER SICH
Arno Schmidt in dunklen Tagen
Der Tagesspiegel, 1.7.84.

97) Karlheinz Schauder
EINE FAST RÜHRENDE ENTSTEHUNGSGESCHICHTE
Arno Schmidt: "Dichtergespräche im Elysium"
Die Rheinpfalz, 21.7.84.

98) Karlheinz Schauder
HEROEN AUF DER FELSENBURG
Arno Schmidt: "Dichtergespräche im Elysium"
Hannoversche Allgemeine Zeitung, 18.8.84.

99) Peter Engel
ERLAUCHTE DICHTERGESPRÄCHE
Ein Frühwerk Arno Schmidts: "Dichtergespräche im Elysium"
Südwest-Presse, Ulm, 25.9.84.

100) Michael Schardt
ALS ARNO SCHMIDT NOCH DIE SONNE LIEBTE
Ein Jugendwerk aus dem Nachlaß: "Dichtergespräche im Elysium"
Umbruch, Zeitschrift für Kultur, 3. Jg., Nr. 8, Okt./Nov. 1984, S. 48/49.

101) Gerd Haffmans
WG. ARNO SCHMIDT
Umbruch, Zeitschrift für Kultur, 3. Jg., Nr. 9, Dez. 1984/Jan. 1985, S. 2.

3.21 ...DENN 'WALLFLOWER' HEISST 'GOLDLACK'

102) lin
BEILÄUFIG UND MIT LEICHTER HAND
Baseler Volksblatt, 14.12.84.

103) Heiko Postma
TAGUNG IM NÄCHTLICHEN GARTEN
Drei literarhistorische Funkkollegs von
Arno Schmidt
Hannoversche Allgemeine Zeitung, 12./13.1.85.

104) Dietrich Segebrecht
SCHMIDT, ARNO: ... DENN 'WALLFLOWER' HEISST
'GOLDLACK'
ekz (Einkaufszentrale für öffentliche Bib-
liotheken) - Informant, (Reutlingen), Nr. 4, März85.

105) t. k.
ARNO SCHMIDT
14 Tage Münster, 5. Jg., Nr. 12, 17.6.-30.6.85.

3.22 DEUTSCHES ELEND

106) Thomas Wagner
JA, BEIM HIMMEL, AUCH MICH KOSTET ES TRÄNEN GENUG!
Arno Schmidts Erklärungen zur Lage der Nationen
Communal, Wochenzeitung für Heidelberg, 22.11.84.

107) Karl Birkenseer
SCHLANGENBLANKE SÄTZE VOLLER GIFT
Er wollte "weder zu Gott noch zu Adenauer" beten
Mittelbayrische Zeitung, Regensburg, 28.11.84.

108) Volkmar Parschalk
ARNO SCHMIDT - DEUTSCHES ELEND
... denn 'wallflower' heißt 'Goldlack'
ORF, 2.12.84, Ms. 3 Seiten.

109) Werner Fuld
HUMMERSUPPE AUS AUTORENSCHÄDELN
Bücher aus dem Nachlaß Arno Schmidts und Studien über sein Werk
Frankfurter Allgemeine Zeitung, 29.12.84.

110) Yaak Karsunke
ERSTE HILFE GEGEN DEUTSCHE ZUSTÄNDE
Tip, Nr. 22, 1984, S. 104.

111) Klaus Isele
LASSOWERFER SERVIERT SAUERKRAUT
"Über Arno Schmidt" und die Sammlung "Deutsches Elend"
Fränkischer Sonntag, 5.1.85.

112) Lutz Hagestedt
ARNO SCHMIDT: DEUTSCHES ELEND
BR 2, 16.1.85, 22.30 - 23.00 Uhr, Ms. 2 Seiten.

113) Karlheinz Schauder
VON UND ÜBER ARNO SCHMIDT
SR 2, Studiowelle Saar, 10.2.85, 14.00 - 14.30 Uhr, Ms. 6 Seiten.

114) Detlef Bluemler
ARNO SCHMIDT: DEUTSCHES ELEND
13 Erklärungen zur Lage der Nationen
Vorwärts Spezial, Heft 5, 1985, S. 15.

3.23 BRIEFE AN WERDER STEINBERG

115) Werner Fuld
FETTNÄPFCHEN UND KUHFLADEN
Arno Schmidts Briefe an den Schriftsteller
Werner Steinberg
Frankfurter Allgemeine Zeitung, 14.3.85.

116) Jörg Drews
BRIEFE AUS "NEU-WEIMAR"
Arno Schmidt an Werner Steinberg
Süddeutsche Zeitung, 11./12.5.85.

3.24 'ZÜRCHER KASSETTE'

117) Wolfram Schütte
REEMTSMAS FISCHZUG
Arno Schmidts "Erzählerisches Werk" erschienen
Frankfurter Rundschau, 15.3.85.

118) Heiko Postma
KONTER AUS ZÜRICH
Eine Arno-Schmidt-Kassette für 80 Mark
Hannoversche Allgemeine Zeitung, 16./17.3.85.

119) (anonym)
LITERATUR UND KLATSCH UND STEIGENDE HITZE
Morgenpost, Hamburg, 18.3.85.

120) Jost Nolte
SCHÖNER SCHMIDT
NDR - Hamburger Welle, 19.3.85, Ms. 5 Seiten.

121) dpa
PRESSEMELDUNG ZUR ZÜRCHER KASSETTE
Abgedruckt u. a. in:
Süddeutsche Zeitung, 20.3.85,
Darmstädter Echo, 20.3.85,
Tagesspiegel, 20.3.85,
Vaterland, 20.3.85,
Tagesanzeiger, 20.3.85,
Die Tageszeitung, 20.3.85,
Salzburger Zeitung, 20.3.85,
Nürnberger Nachrichten, 21.3.85,
Rheinische Post, 21.3.85,
Nürnberger Nachrichten 22.3.85,
Wahrheit, Berlin, 25.3.85,
Bücher Pick, 2/1985.

122) Hartwig Suhrbier
ZUM ERSCHEINEN DER ZÜRCHER KASSETTE
Deutschlandfunk, 24.3.85, 19.10 - 19.30 Uhr,
Ms. 3 Seiten.

123) hai (Hans Haider)
EIN COUP: ZÜRCHER KASSETTE
Arno Schmidts erzählerisches Werk plötzlich auf dem Markt
Die Presse, 25.3.85.

124) Hartwig Suhrbier
KULTUR - ABEND
Arno Schmidt: Zürcher Kassette
Radio Bremen, 25.3.85, 18.30 - 19.00 Uhr,
Ms. 3 Seiten.

125) Werner Morlang
GESAMMELTE WERKE VON ARNO SCHMIDT
Zu einer neuen Ausgabe
Neue Züricher Zeitung (Fernausgabe), 28.3.85.

126) Hanspeter Eggenberger
"DER ÜBERRASCHUNGSCOUP IST EINE SCHALLENDE OHRFEIGE"
Arno Schmidt war ein unbequemer Sprachwühler
Berner Zeitung, 30.3.85.

127) Georges Hausemer
ARNO SCHMIDT: DAS ERZÄHLERISCHE WERK
Letzeburger Journal, 5.4.85.

128) (anonym)
ARNO SCHMIDT GEDANKENSPIELE
A. Z., Wien, 6.4.85.

129) Armin Juhre
DER HARTE KERN DER NOSTALGIE
Arno Schmidt. Das erzählerische Werk
Deutsches Allgemeines Sonntagsblatt, 7.4.85.

130) Hartwig Suhrbier
POESIE DER FRÜHEN JAHRE
Der Großmeister in der "Zürcher Kassette":
Anmerkungen zu einer gelungenen Arno-Schmidt-Edition
Nürnberger Nachrichten, 11.4.85.

131) Hartwig Suhrbier
POESIE DER FRÜHEN JAHRE
Der Großmeister in der "Zürcher Kassette":
Anmerkungen zu einer gelungenen Arno-Schmidt-Edition
Neumarkt Nachrichten, 11.4.85.

132) (anonym)
COUP
Schweizer Illustrierte, Zofingen, 29.4.85.

133) A. Rosinzky-Terjung
(Titel ?)
BuchMarkt, 4/1985.

134) (anonym)
o. T.
("Bereits in 2. Auflage...")
Main Echo, 3.5.85.

135) hv.
Die "Zürcher Kassette" von Arno Schmidts erzählerischen Werken
SENSATIONSERFOLG EINES MODERNEN KLASSIKERS
Schweizer Feuilletondienst, 7.5.85, S. 9f.

136) (anonym)
ARNO SCHMIDT: EINE BEGEGNUNG DER DRITTEN BIS TAUSENDUNDERSTEN ART
Mittelbayrische Zeitung, 15.5.85.

137) Martin Usteri
GLÜCK
Die Wochenzeitung, 15.5.85.

138) Hans Jürgen Linke
VOM RÜCKZUG IN DIE REINHEIT DER BÜCHERWELT
Zürcher Kassette und politische Schriften
Vorgeschmack auf eine Arno Schmidt Gesamtausgabe
Gießener Anzeiger, 18.5.85.

139) (anonym)
Haffmans im Herbst
VON SCHMIDT BIS KOHL
BuchMarkt 5/1985.

140) M. K. (Michael Kunitzsch)
Operation Mark Twain
ARNO SCHMIDT
Konkret, Mai 1985, S. 89.

141) Hartmut Vollmer
DIE "ANGST" VOR ARNO SCHMIDT VERLIEREN
Die "Zürcher Kassette" - "Ein Geschenk wahrhaft großer Literatur"
Wolfenbütteler Zeitung, 20.6.85.

142) Dieter Sudhoff
Mit der "Zürcher Kassette" wird er beinahe zum Volksschriftsteller
KEINE ANGST VOR DICHTER ARNO SCHMIDT
Neue Westfälische, Bielefeld, 3.8.85.

3.25 ZU SCHMIDTS ÜBERSETZUNGEN

143) Wilhelm Grasshoff
"NOCH BIST DU LEHRLING"
Frankfurter Allgemeine Zeitung, 19.9.62,
(zu W. Faulkner, New Orleans).

144) Hartwig Suhrbier
"ANTI-DURBRIDGE" IM FERNSEHEN
Von Arno Schmidt wiederentdeckte Krimi-Klassiker
lieferte Vorlage
Frankfurter Rundschau, 2.12.69, (zu W. Collins)

145) Norbert Miller
ZEITROMAN UND VEXIERSPIEL
Arno Schmidt übersetzt ein Hauptwerk von
Edward Bulwer-Lytton
Süddeutsche Zeitung, 8.12.72, (zu: Dein Roman).

146) Sibylle Wirsing
Leidenschaft aus Marmor in Sprache aus Samt
ROMANMASCHINE UND IHRE LIEBHABER
Arno Schmidt übersetzt Edward Bulwer-Lytton:
"Dein Roman"
Die Zeit, 14.12.73.

147) S. Fischer Verlag
ARNO SCHMIDTS LETZTE ÜBERSETZUNG
James Fenimore Cooper: Littlepage-Triologie
(Vorankündig - Verlagsprospekt)
Okt. 1983, 8 Seiten.

148) RH (Reiner Hartmann)
KAPF MIT KLIPPEN
James Fenimore Coopers Seegemälde "Der Lotse"
Kölner Stadt-Anzeiger, 22.2.85, (auch zu: Little-
page-Triologie).

149) Wolf Oeser
J.F. Cooper: "Bilder aus der amerikanischen Vergangenheit",
ORF, 1.9.84, (zu: Littlepage-Triologie).

4. WIRKUNG UND SONSTIGES

4.1 ALLGEMEINES

1) Hubert Fichte
DIE PALETTE
Reinbek bei Hamburg, Rowohlt Verlag 1970, S. 29f., (Erwähnung Schmidts).

2) Rolf Vollmann
NUR GEWISSE ÄHNLICHKEITEN
Arno Schmidt als Thema der Stuttgarter Goethe-Gesellschaft
Stuttgarter Zeitung, 8.12.73.

3) Klaus Colberg
VIELE FRAGEN ZU ZETTELS TRAUM
Wissenschaftler "testen" Arno-Schmidt-Leser
Darmstädter Echo, 31.8.78.

4) Johannes Bobrowski (n.v.)
LITERARISCHES KLIMA
Ganz neue Xenien, doppelte Ausführung
Stuttgart 1978, S. 47, (Erwähnung Schmidts).

5) Klaus Colberg
ANALYSE EINER LESERGEMEINDE
Bielefelder Literatur-Fakultät untersuchte Arno-Schmidt-Leser
Süddeutsche Zeitung, 18.8.79.

6) Rolf Dieter Brinkmann
ROM, BLITZE
Reinbek bei Hamburg, Rowohlt Verlag, Sept. 1979, (Einfluß von Schmidt).

7) Klaus Schlagowsky/Hans Wollschläger
INTERVIEW
Harlekijn, Nr. 3, 1980, S. 62-66, (W. spricht über den Einfluß Schmidts).

8) Franz Josef Görtz
KOTAU VOR EINER KULTFIGUR
Ein fröhliches Spiel mit Wissenschaft: Das
Grazer Symposion üner Arno Schmidt
Frankfurter Allgemeine Zeitung, 28.11.80.

9) Hans J. Fröhlich
ABENTEUER IM ELFEN- UND HUNDELAND
Lewis Carolls Historie "Sylvie & Bruno"
Frankfurter Allgemeine Zeitung, 29.11.80,
(Schmidts Einfluß als Übersetzer.)

10) Alfred Andersch
(Gedichte aus dem Nachlaß)
AN ARNO SCHMIDT
Tintenfaß, Magazin für Literatur und Kunst,
Nr. 2, 1981, S. 71-74.

11) Hans Wollschläger
ÜBER...
Tintenfaß, Magazin für Literatur und Kunst,
Nr. 2, 1981, S. 227-230, (W. über Schmidts Einfluß).

12) Julio Cortázars
RAGUELA. HIMMEL UND HÖLLE
Frankfurt, Suhrkamp Verlag 1981, (Einfluß Schmidts spürbar).

13) Gisela Lerch / Hans Wollschläger
INTERVIEW
"Herzgewächse oder der Fall Adams"
SFB, 17.10.82. (W. über Schmidts Einfluß).

14) Volker Hage (Hg. in Zusammenarbeit mit Adolf Fink)
DEUTSCHE LITERATUR 1982
Ein Jahresüberblick, Stuttgart, Reclam Verlag
1983, S. 9-12. 29f., 147, 217, (Beziehung Schmidt-Wollschläger).

15) Alexander Schmitz
HUNGER NACH WÖRTERN
Börsenblatt, 31.1.84, S. 171f.

16) Gisela Lerch / Hans Wollschläger
INTERVIEW
Umbruch, Zeitschrift für Kultur (Frankfurt), 3. Jg., Nr. 5, Mai 1984, S. 23-27, (W. über den Einfluß Schmidts).

17) Peter K.(ock)
Work in Progress
ÄSTHETIK GEGEN DEN TOD
Hans Wollschlägers "Herzgewächse oder der Fall Adams, erstes Buch"
Umbruch, Zeitschrift für Kultur (Frankfurt), 3. Jg., Nr.5, Mai 1984, S.20-23, (Wollschläger-Schmidt).

18) Alfred Andersch
WANDERUNGEN IM NORDEN
Zürich, Diogenes Verlag 1984, S. 90, (Erwähnung Schmidts).

19) Romain Francois
ÄQUATORIAL
Erzählung
Schriftbilder. Neue Prosa aus Luxemburg. Hg. v. Rolf Ketter/Georges Hausemer, Luxemburg, Editions Guy Binsfeld 1984, S. 95-114, (Ähnlichkeiten zu Schmidts früher Prosa).

20) Arno Schmidt Stiftung
ARNO SCHMIDT AUSSTELLUNG
19.1.85-27.1.85, tägl. 14.00-17.00 Uhr, Bargfeld, Unter den Eichen 13.

21) Sommeruniversität Toskana
"JEDER SITZ IM MITTELPUNKT DER WELT"
Annäherung an Arno Schmidt
Les/bt doch! Leb/st doch!
Autorenseminar in der Toskana vom 5.8.-17.8.85,
(Prospekte und Material)

4.2 LESUNGEN (Auswahl aus Zeitungen bekannt)

22) e.w.
GLEICHER ABSTAND
Arno Schmidt zu Ehren
(Helmut Heißenbüttel las Arno Schmidt)
Stuttgarter Zeitung, 6.2.79.

23) Dr. No.
AUS DEM LEBEN EINES FAUNS
Ein Arno-Schmidt-Abend im Schloßtheater Celle
Cellersche Zeitung, 11.12.79.

24) Heiko Postma
IN MEMORIAM ARNO SCHMIDT
Ein Vortrag von Heiko Postma mit Texten von Arno Schmidt, gelesen von Matthias Fuchs und Günter König, NDR 3, 17.1.84, 20.05-21.15 Uhr.

25) (anonym)
POESIE IM RATHAUS
Bernhard Minetti liest Arno Schmidt: März 1985,
Die Zeit, 4.10.84.

26) Dietmar Bittrich
EIN SCHWIERIGES SPRACH- UND STILGENIE
Jan Phillipp Reemtsma las in der Hamburger Bücherstube aus den Werken von Arno Schmidt
Hamburger Abendblatt, 16./17.3.85.

4.3 ZEICHNUNGEN (Auswahl)

27) Wolfgang Schmidt
HOMMAGEN AN ARNO SCHMIDT
Sechs Poster
Edition & Galerie Hoffmann, Römerstr. 57,
6360 Frieberg.

28) Eberhard Schlotter
PORTRAIT ARNO SCHMIDT
Mappe: "Landschaft & Zeichen", Arno Schmidt
zum 65. Geburtstag, Galerie Stübler, Burgstr. 2,
6238 Hofheim.

29) Wolfgang Schmidt
HOMMAGE á A. SCHMIDT
Der Rabe, Magazin für jede Art von Literatur,
Nr. 4, Sept. 1983, S. 215.

30) Loriot
EIN GROSSER DEUTSCHER
Der Rabe, Magazin für jede Art von Literatur,
Nr. 5, Jan. 1984, S. 215.

31) Raymund Heller
ARNO SCHMIDT
Druck nach einer Kohlezeichnung, 41.1x30,0 cm,
Frankfurt, Bangert & Metzler Verlag 1984.

32) Rainer Griese
VÖLLICH CORRECT IN GRAU
(Fotografie, Leinwand, 84,0x124,2 cm)
Privatanfertigung für Freunde und Bekannte des
Künsters, Troisdorf 1984.

4.4 HAIDNISCHE ALTERTHÜMER (incl. Rezensionen)

HAIDNISCHE ALTERTHÜMER
Literatur des 18. und 19. Jahrhunderts. Hg. v. Hans-Michael Bock, Frankfurt, 2001-Verlag, 1978ff., (Eine ausdrücklich Arno Schmidt gewidmete Reihe vergessener und verkannter Dichter, die Schmidt für besonders wichtig hielt und über die er selbst gearbeitet hat).

33) Jules Verne
DIE SCHULE DER ROBINSONS &
Paul Verne
VON ROTTERDAM NACH KOPENHAGEN AN BORD DER DAMPFYACHT "SAINT MICHEL"
Frankfurt, 2001-Verlag Okt. 1978, 583 Seiten.
5-401 Jules Verne: Die Schule der Robinsons
403-496 Paul Verne: Von Rotterdam nach Kopenhagen an Bord der Dampfyacht "Saint Michel"
497-569 Heiko Postma: Nachwort: Der Triumpf des 19. Jahrhunderts und einige Fragezeichen
571-579 Anhang (Bibliographie).

34) Johann K. Wezel
BELPHEGOR oder Die wahrscheinlichste Geschichte unter der Sonne, Frankfurt, 2001-Verlag Dez. 1978, 503 Seiten.
5-451 Johann K. Wezel: Belphegor
453-502 Lenz Prütting: Nachwort: Nachrichten aus der Strafkolonie. Einige Anmerkungen zu Johann Karl Wezels philosophischem Roman "Belphegor".

35) Ludwig Tieck
DIE VOGELSCHEUCHE;
DAS ALTE BUCH und Die Reise ins Blaue hinein,

Frankfurt, 2001-Verlag Jan. 1979, 693 Seiten.

5-449 Ludwig Tieck: Die Vogelscheuche, Mährchen-Novelle in fünf Aufzügen

551-625 Ludwig Tieck: Das alte Buch und Die Reise ins Blaue hinein. Eine Mährchen-Novelle

627-678 Ulrich Wergin: Nachwort: "Einer der letzten Gäste auf dem Maskenball der Poesie", Ludwig Tieck, die Romantik und die Folgen

679-692 Ulrich Wergin: Bibliographische Hinweise, Anmerkungen.

36) Wilhelm Friedrich von Meyern
DYA-NA-SORE, oder die Wanderer
Eine Geschichte aus dem Sam-skritt übersetzt
Frankfurt, 2001-Verlag Jan. 1979, 997 Seiten.

5-933 W.F. v. Meyern: Dya-Na-Sore

935-983 Günter de Bruyn: Nachwort: Taten und Tugenden, Meyern und sein deutsches Revolutionsmodell

984-995 Günter de Bruyn: Bibliographische Hinweise, Anmerkungen.

37) Christian von Massenbach
HISTORISCHE DENKWÜRDIGKEITEN zur Geschichte des Verfalls des preußischen Staats seit dem Jahre 1794
Friedrich Buchholz
GALLERIE PREUSSISCHER CHARAKTERE
Frankfurt, 2001-Verlag Aug. 1979, 877 Seiten und 4 Situationskarten und Planen.

5-482 C. v. Massenbach: Historische Denkwürdigkeiten zur Geschichte des Verfalls des preußischen Staats seit dem Jahre 1794 nebst seinem Tagebuche über den Feldzug von 1806

483-769 Friedrich Buchholz: Gallerie Preussischer Charaktere
771-873 Hans-Werner Engels: Nachwort: Christian von Massenbach, Notizen zu einem vergessenen Preußen.

38) Kurd Laßwitz
AUF ZWEI PLANETEN
Roman in zwei Büchern, Frankfurt, 2001-Verlag Dez. 1979, 1115 Seiten.
5- 902 Kurd Laßwitz: Auf zwei Planeten
903-1074 Rudi Schweikert: Nachwort: Von Martiern und Menschen oder Die Welt, durch Vernunft dividiert, geht nicht auf. Hinweise zum Verständnis von Auf zwei Planeten
1075-1113 Lebensdaten, Bibliographische Hinweise.

39) Friedrich Baron de la Motte Fouqué
Die wunderbaren Begebenheiten des Grafen ALETHES von LINDENSTEIN
Frankfurt, 2001-Verlag Okt. 1980, 411 Seiten.
3-362 F.B.de la M. Fouqué: Die wunderbaren Begebenheiten des Grafen Alethes von Lindenstein
363-393 Günter de Bruyn: Nachwort: Romantik im Harnisch
394-408 Günter de Bruyn: Bibliographie, Anmerkungen.

40) Carl Grosse
DER GENIUS
Aus den Papieren des Marquis C von G
Frankfurt, 2001-Verlag März 1982, 849 Seiten
3-723 Carl Grosse: Der Genius. Aus den Papieren des Marquis C von G
725-835 Günter Dammann: Nachwort: Höfischer Held, Rousseau und das Ende der Aufklärung. Carl

'Marquis' Grosses Leben und Werk
836-848 Bibliographie.

41) Heinrich Albert Oppermann
HUNDERT JAHRE 1770-1870
Zeit- und Lebensbilder aus drei Generationen
Frankfurt, 2001-Verlag Dez. 1982, 3 Bände, 3156 Seiten.

Band 1: V- XX H.A. Oppermann: An den Leser
1-380 H.A. Oppermann: Erstes Buch
1-248 H.A. Oppermann: Zweites Buch
1-379 H.A. Oppermann: Drittes Buch
Band 2: 1-281 H.A. Oppermann: Viertes Buch
1-359 H.A. Oppermann: Fünftes Buch
1-315 H.A. Oppermann: Sechstes Buch
Band 3: 1-289 H.A. Oppermann: Siebtes Buch
1-290 H.A. Oppermann: Achtes Buch
1-333 H.A. Oppermann: Neuntes Buch
3-116 Heiko Postma: Nachwort: Heinrich Albert Oppermann, Portrait eines Niedersachsen
117-123 Bibliographie
125-184 Heiko Postma: Hundert Namen aus "Hundert Jahren" Kleines Lexikon zu historischen Figuren des Romans
185-195 Stammbäume der Familien im Roman 'Hundert Jahre'
197-212 Heiko Postma: Kurze Zusammenfassung des Inhalts von H.A. Oppermann, Hundert Jahre, 1770-1870
213 Danksagung.

42) HAIDNISCHE ALTERTHÜMER
Elfbändige Sonderausgabe der bisher erschienen Werke in Taschenbuchkassette, Frankfurt, 2001-Verlag Okt. 1984, 9172 Seiten, (textidentisch mit Nr. 33-Nr. 41).

43) Leopold Schefer (n.v.)
DER WALDBRAND
Gesammelte Erzählungen. Nachwort und Auswahl von Klaus Völker, Frankfurt, 2001 Verlag Apr. 1985, 1200 Seiten.

3-1142 Leopold Schefer: Der Waldbrand
Graf Promnitz
Der Zwerg
Die Deportierten
Der Kuß des Engels
Künstlerehe
Unglückliche Liebe
Volk ohne Magen
Der Gekreuzigte

1143-1200 Klaus Völker: Nachwort: So sei denn Recht ein Mensch, ein ganzer Mensch.

44) Arnold Hohmann
LIEBLINGSLEKTÜRE DES AUTORS ARNO SCHMIDT JETZT ALS BUCHREIHE (Haidnische Alterthümer);
DAS BÖSESTE WERK DEUTSCHER LITERATUR (Wezel: Belphegor)
Westfälische Rundschau, Rundschau für Großraum Dortmund, 4.12.78.

45) Peter Engel
Von Arno Schmidt empfohlen
GARSTIGE, BORSTIGE BÜCHER ZUM GEBURTSTAG
Mannheimer Morgen, 18.1.79.

46) Günter de Bruyn
DOPPELGESICHTIGE UTOPIE
Erinnerungen an einen Einflußreichen & Unbekannten
Frankfurter Rundschau, 3.2.79.

47) Peter Engel
HAIDNISCHE ALTERTHÜMER

Eine Arno Schmidt gewidmete neue Buchreihe
Darmstädter Echo, 7.2.79.

48) Karlheinz Schauder
Arno Schmidt gewidmet
AUS DER RUMPELKAMMER DER WELTLITERATUR
Eine neue Buchreihe: "Haidnische Alterthümer"
Hannoversche Allgemeine Zeitung, 2.6.79.

49) ha (Gerd Haffmans)
(Der Rabe rät)
HEINRICH ALBERT OPPERMANN
Hundert Jahre
Der Rabe, Magazin für jede Art von Literatur,
Nr. 2, März 1983, S. 232.

50) Heinrich Vormweg
Quer durch die Reihen:
BELPHEGOR
Süddeutsche Zeitung, 28./29.4.84.

51) 2001-Verlag
HAIDNISCHE ALTERTHÜMER
Taschenbuch-Kassette
(Vorankündigung), Merkheft, Frankfurt, 2001-Verlag, Herbst 1984, S. 38-41, (auf weitere Nachweise aus diesem Werbeheft des Verlages wird verzichtet).

4.5 KURIOSA, PARODIEN, ANSPIELUNGEN usw.

52) Helmut Kracke (n.v.)
"AUS EINS MACH ZEHN UND ZEHN IST KEINS"
Glanz und Elend der Mathematik. Mathematischer Lustgewinn für Knobler, Rätsler, Pfiffikusse. 16 lehrreiche und amüsante Kapitel aus der Geschichte der Mathematik, Reinbek bei Hamburg, Rowohlt Verlag 1970 (verschiedene Erwähnungen Schmidts).

53) Robert Gernhardt
1 Versuch, 1 Buch von Arno Schmidt auf 4 Zeilen & 4 Bilder zu komprimieren
HIER SPRICHT DER DICHTER
Zeitmagzin, Nr. 4, Januar 1979.

54) Rainer Griese
MADCAP LAUGHTER
Fotografien 1978/79 (zusammen mit Volker Aust) Vorwort von Uli Gilles, Troisdorf, Jarschel Druck, Juni 1979. ("Arno Schmidt gewidmet").

55) Klaus Seehafer (n.v.)
DA KOMMT MAN FREMD IN EINE KLEINE STADT...
Diepholz im Spiegel der Literatur, Diepholz 1980, S. 71-73.

56) Klaus Seehafer
"ARBO SCHMIDT? - TJA, WISSEN SIE..."
ekz (Einkaufszentrale für öffentliche Bibliotheken), BA (Besprechungen-Annotationen) Nr. 6, 1981.

57) Robert Gernhardt
1 VERSUCH, 1 BUCH VON ARNO SCHMIDT AUF 4 ZEILEN UND 4 BILDER ZU KOMPRIMIEREN
R.G., Wörtersee, Frankfurt, 2001-Verlag 1981,

S. 152f.

58) Hans Heinz Hahnl
Literaten haben oft den falschen Anhang
DIE GURUS WIDER WILLEN
Kölner Stadt-Anzeiger, 15.1.82, (ua. zu Schmidt).

59) Helmut Kracke
MATHE-MUSISCHE KNOBELISKEN
Tüfteleien für Tüftler und Laien, Bonn, Dümmler-Verlag 1982, S. 48, 99f., 270, 392f., (zu Schmidt als Mathematiker).

60) Kurt Bartsch
Kurt Bartschs literarische Parodien
ZETTELS ZEDDEL
Nach Arno Schmidt
Frankfurter Rundschau, 3.1.83.

61) Jörg Schröder
Schröder erzählt: Arno Schmidt, Karl May: Leute von gestern
MAGGI PUR
Die Tageszeitung, 7.6.83, S. 1,10,11.

62) Peter K.(ock)
WELCH TRAURIGER HUMOR
Die Tageszeitung, 23.6.83, (Leserbrief zu Schröders Artikel "Maggi Pur", Tageszeitung, 7.6.83).

63) Römer / Thumm (Rechtsanwälte)
GEGENDARSTELLUNG
Die Tageszeitung, 23.6.83, (zu Schröders Artikel "Maggi Pur", Die Tageszeitung. 7.6.83).

64) Wolfgang Neuss
DAS ENDE DES HOLZWEGS
Die Tageszeitung, Sondernummer-Buchmesse 1983,

S. 15f. (zu Schmidt).

65) Hans Mentz
Humor Kritik
ARNO SCHMIDTS SPÄTWERK
Titanic, Nr. 12, Dez. 1983, S. 72.

66) Fritz Schönborn
ARNOSCHMIDTCHEN
F.S., Deutsche Dichterflora, Anweisungen zum Bestimmen von Stilblüten, poetischem Kraut und Unkraut, München, Deutscher Taschenbuch Verlag 1983, S. 19f. (In 1. Auflage beim Hanser Verlag, München-Wien 1980).

67) Stephan Oettermann (n.v.)
DAS PANORAMA
Die Geschichte eines Massenmediums, (??) 1983, ("Arno Schmidt zum Gedenken").

68) Kurt Bartsch
ZETTELS ZEDDEL
Nach Arno Schmidt
K.B., Die Hölderlinie. Deutschdeutsche Parodien, Berlin, Rotbuch Verlag 1983, S. 14f.

69) Gerd Haffmans (ua.)
DIE SCHMIDT GEMEINDE
(sowie: Zwei Leser sprechen über ihre Arno-Schmidt-Sammlungen)
BR 1, Lesewut, 19.8.84, 20.15-21.15 Uhr.

70) Joseph Berlinger (n.v.)
ARNO-SCHMIDT-SEXEGESE.
Ein Nachtprogramm, J.B., F.C. Delius gegen H.C. Artmann. Verbal(l)hornungen, München, Friedl Brehm Verlag 1984, S. 22-24.

71) Udo Diekmann / Dietmar Wischmeyer
DER MONUMENTALE SCHMIDT
U.D./D.W., Schmidt. Ein Familienbuch, Bielefeld, Universität 1984, S. 103-104.

72) Jörg Schröder
MAGGI PUR
März Mammut, Berlin, März Verlag 1984, S. 728-748, (Weitere Anspielungen auf Schmidt, S. 749-751, S. 1191-1221).

4.6 PORTRÄT EINER KLASSE (Rezensionen)

73) Wolfgang Nagel
Nachrichten über einen versteckten und vertrackten Dichter
GESTATTEN, SCHMIDT
Zeitmagazin, Nr. 4, 19. Jan. 1979, S.3-14.

74) Ernst Krawehl
Arno Schmidt zum 65. Geburtstag
"NUR DIE PHANTASIELOSN FLÜCHTN IN DIE REALITÄT; UND ZERSCHELLEN DANN, WIE BILLICH, DARAN"
Neue Bücher Zeitung, Frankfurt, Frühjahr 1979.

75) Jens Rehn
"KÜHE IN HALBTRAUER"
An-Merkungen & Ab-Markungen zum Tode von Arno Schmidt
RIAS Berlin 2, 7.6.79, 16.48(?)-17.30 Uhr.

76) S. Fischer Verlag
PORTRÄT EINER KLASSE
(Vorankündigung)
ca. Herbst 1981, 4 Seiten.

77) Jürgen Busche
ARNO SCHMIDT UND EINIGE SEINER ZEITGENOSSEN
Frankfurter Allgemeine Zeitung, Magazin, 12.11.82.

78) hbb (Hans Bertram Bock)
AUS DER JUGEND EINES MYTHOS
Nürnberger Nachrichten, 16.12.82.

79) Ernst Krawehl
PORTRÄT EINER KLASSE
Vortrag und Ausstellung
Berolzheimerianum, Fürth, 17.12.82, 20.00 Uhr.

80) Michael Morgental
Arno-Schmidt-Buch
Porträt der Jugend
Nürnberger Zeitung, 21.12.82.

81) Wolfram Schütte
KLASSENPORTRÄT UND PORTRÄT EINER KLASSE
Neues&Altes Für&Wider Arno Schmidt
Frankfurter Rundschau, Silvester 1982.

82) Werner Fuld
VERGEBLICHE GEISTERBESCHWÖRUNG
Ein Buch über Arno Schmidts Schulzeit
Frankfurter Allgemeine Zeitung, 15.1.83.

83) Arnd Rühle
ZETTELS LEBENSTRAUM WIRD NUN ENDLICH WAHR
Münchner Merkur, 15.1.83.

84) K.(arl) H.(einz) Kramberg
STILL, UNGESELLIG, UNERHÖRTES TALENT FÜR GEOMETRIE
Aufzeichnungen aus Arno Schmidts Hamburger Kindheit und Schulzeit
Süddeutsche Zeitung, 22./23.1.83.

85) Christian Gneuss
ZUM LESEN EMPFOHLEN
Porträt einer Klasse. Arno Schmidt zum Gedenken. Hg. v. Ernst Krawehl
NDR 3, 28.1.83, 22.05-22.30 Uhr, Ms. 9 Seiten.

86) Ernst Nef
"Porträt einer Klasse" - Arno Schmidt zum Gedenken
DIE FESTSTELLUNG EINER HERKUNFT
Neue Züricher Zeitung, 10.2.83.

87) Dietmar Bittrich
Klassenkameraden schreiben mit und über Arno Schmidt
JEDER SCHRITT ZUR SCHULE EIN STÜCK LITERATUR
Hamburger Abendblatt, 18.2.83.

88) Friedrich Hahn
"JEDE MINUTE GEHT VON MEINEM LEBEN VERLOREN..."
ORF, 19.2.83.

89) Rolf Vollmann
PORTRÄT EINER KLASSE - ARNO SCHMIDT ZUM GEDENKEN
SWF, Soiree - Neue Bücher/Neue Texte, 19.2.83.

90) Uwe Wolff
Die Schulklasse erinnert sich
EINE KINDHEIT OHNE GOLDRAND
Arno Schmidt, der Wortmetz
Christ und Welt, 25.3.83.

91) Hanns Grössel
Buchzeit
ERNST KRAWEHL (Hg.). "PORTRÄT EINER KLASSE"
Arno Schmidt zum Gedenken
RIAS Berlin, 30.3.83, 16.50-17.00 Uhr.

92) Karlheinz Schauder
PORTRÄT EINER KLASSE
Arno Schmidt zum Gedenken
SR, Studiowelle Saar, 10.4.83, 14.00-14.30 Uhr,
BücherLese, Ein Magazin für Leser, Ms. 5 Seiten.

93) Elisabeth Jokwitz
PORTRÄT EINER KLASSE
Arno Schmidt zum Gedenken
NDR-Bücherjournal, 14.4.83, Ms. 8 Seiten.

94) Günter Häntzschel

PORTRÄT EINER KLASSE
Germanistik, Heft 1, 1983, S. 180.

95) G.F.
ARNO SCHMIDT ZUM GEDENKEN
Bündener Zeitung, 2.6.83.

96) F.(riedrich) Peter Ott
PORTRÄT EINER KLASSE
World Literature Today, Oklahoma, Summer 1983.

97) Karlheinz Dederke
Das Buch "Porträt einer Klasse"
IN ARNO SCHMIDTS JUGENDWELT
Der Tagesspiegel, 3.7.83.

98) Hanns Grössel
WOHNKÜCHE ALS GEISTIGE LEBENSFORM
Über einige Bücher zu Arno Schmidt
Freibeuter, Vierteljahreszeitschrift für Kultur und Politik, Heft 16, 7. 1983, S. 152-156.

99) Hal. (Martin Halter)
ARNO SCHMIDT
Badische Zeitung, Freiburg i.Br., 13.8.83.

100) Lutz Hagestedt
PORTRÄT EINER KLASSE
Arno Schmidt zum Gedenken
Arzt und Poet, Literaturmagazin schreibender Ärzte (??) 1983, S. 14f.

101) cph
HAMBURG ERINNERT SICH DES GROSSEN SCHRIFTSTELLERS
Hamburger Abendblatt, 19.1.84.

4.7 ARNO SCHMIDT PREIS, 1982,1984 (Rezensionen)

102) J.Dr. (Jörg Drews)
ARNO SCHMIDT PREIS FÜR HANS WOLLSCHLÄGER
Süddeutsche Zeitung, 18.1.82.

103) dpa
ARNO SCHMIDT PREIS AN HANS WOLLSCHLÄGER
Kölner Stadt-Anzeiger, 22.1.82.

104) Jörg Drews
UMKREISUNG EINER INSEL
Hans Wollschläger deutet das Werk Arno Schmidts - Zur Verleihung des ersten Arno Schmidt Preises
Süddeutsche Zeitung, 26.1.82.

105) dpa
WOLFGANG KOEPPEN ERHÄLT ARNO SCHMIDT PREIS
Frankfurter Rundschau, 13.10.83.

106) Arno Schmidt Stiftung
ARNO SCHMIDT PREIS 1984
(Vorankündigung der Festschrift)
Herbst 1983, 4 Seiten.

107) Heiko Postma
HUNGER NACH BROT UND WORTEN
"Arno Schmidt Preis" an Wolfgang Koeppen in Celle
Hannoversche Allgemeine Zeitung, 25.1.84.

4.8 REZENSIONEN ZUR SEKUNDÄRLITERATUR

108) ekz-Informationsdienst
BULL, REIMER: BAUFORMEN DES ERZÄHLENS BEI ARNO SCHMIDT
ekz (Einkaufszentrale für öffentliche Bibliotheken) - Informationsdienst (Anzeige), 4.11.70.

109) Christel Buschmann
Arno Schmidt und sein Dechiffrier-Syndikat
VERZETTELTE ZETTEL
Die Zeit, 18.10.74, (zu Stündel-Register, Bock-Bibliografie 1973, BB).

110) (anonym)
EXPRESSIONIST ARNO SCHMIDT
Allgemeine jüdische Wochenzeitung, 7.10.77, (zu Text & Kritik 20/20a).

111) SH (Hartwig Suhrbier)
ARNO SCHMIDT
Frankfurter Rundschau, 2.4.79, (zu Bock-Bibliografie 1979).

112) W. Martin Lüdke
Oswald Wieners Abrechnung mit dem Literaturbetrieb
BILDUNGSSCHUTT FÜR LEXIKON-LESER
"Wir möchten auch vom Arno-Schmidt-Jahr profitieren"
Die Zeit, 27.4.79.

113) Jörg Drews
MISSMUTIG AUF DEN LEIM GEGANGEN
Oswald Wieners Abrechnung mit Arno Schmidt
Süddeutsche Zeitung, 18./19.8.79, (zu Wiener-Wir möchten auch...)

114) Theo Meier-Ewert

In Zeitschriften gelesen
REALIEN UND REQUISITEN
Materialien zu Arno Schmidts Roman "Das steinerne Herz"
Saarbrücker Zeitung, 5./6.1.80, (zu Huerkamp-Nr. 8).

115) August Ohage
JOSEF HUERKAMP: NR (NUMMER) 8
Materialien und Kommentar zu Arno Schmidts Roman: 'Das steinerne Herz'
Germanistik, Heft 1, 1980, S. 213.

116) E.Nf. (Ernst Nef)
KULTURNOTIZEN
Materialien zu Arno Schmidts Roman "Das steinerne Herz"
Neue Züricher Zeitung, Fernausgabe, 26.6.80, (zu Huerkamp-Nr. 8).

117) Rolf Michaelis
DIE STUNDE DER DETEKTIVE
Spurensicherung bei Arno Schmidt und Friedrich Hölderlin
Die Zeit, 29.8.80, (zu Schwarze-Ägyptologie).

118) Otto Hochreiter
VOM KOMPLIZIERTEN UND EINFACHEN
Salzburger Nachrichten, 26.11.80.

119) August Ohage
WOLFGANG PROSS. ARNO SCHMIDT
Germanistik, Heft 4, 1981, S. 392.

120) Werner Fuld
VIEL THEORIE, WENIG ERKLÄRUNG
Das "Autorenbuch" von Wolfgang Proß über Arno Schmidt
Frankfurter Allgemeine Zeitung, 7.4.81.

121) Jörg Drews
PORTRÄT ARNO SCHMIDTS ALS DENKER
Zur Monographie von Wolfgang Proß
Süddeutsche Zeitung, 23./24.5.81, (zu Arno Schmidt).

122) Jürgen Busche
GEKETTET AN DATEN UND NAMEN
Studien von Josef Huerkamp zum Werk Arno Schmidts
Frankfurter Allgemeine Zeitung, 18.7.81.

123) Gerda Kaltwasser
Drei Studien zum "authentischen" Erzählen
ARMER ARNO SCHMIDT
Rheinische Post, 10.10.81, (zu Huerkamp-Gekettet).

124) August Ohage
BARBARA MALCHOW: SCHÄRFSTE WORTKONZENTRATE
Germanistik, Heft 4, 1981, S. 391.

125) Renate Voris
PROSS, WOLFGANG, ARNO SCHMIDT
The German Quarterly, LV. 1, Jan. 1982, S. 280-282.

126) Jürgen Busche
PILZESAMMLER IM GEBIRGE
Zwei Bücher zum Werk von Arno Schmidt
Frankfurter Allgemeine Zeitung, 26.5.82, (zu Drews (Hg.)-Gebirgslandschaft und Thomé-Natur).

127) (anonym)
ARNO SCHMIDT "SCHLIMM"
Die Presse, 27./28.11.82 (zu Kuhn-Mißverständnis).

128) Jürgen Busche
EKEL, ABSCHEU UND VERDECKTE ANGST
Reinhard Finkes Studie über Arno Schmidt
Frankfurter Allgemeine Zeitung, 2.3.83.

129) (anonym)
SCHMIDT UND SCHLOTTER
Die Presse, 10./11.9.83, (zu Flemming-Letternspuren).

130) Ingeborg M. Goessl
DREWS, JÖRG (HG.), GEBIRGSLANDSCHAFT MIT ARNO SCHMIDT
The German Quarterly, LV. 1, Nr. 4, Nov. 1983, S. 702.

131) August Ohage
OSWALD WIENER: WIR MÖCHTEN AUCH VOM ARNO-SCHMIDT-JAHR PROFITIEREN;
ARNO SCHMIDT: JULIA, ODER DIE GEMÄLDE
Germanistik, Heft 3/4, 1983, S. 894.

132) Gerhard P. Knapp
M.R. MINDEN, ARNO SCHMIDT
A Critical Study of His Prose
The Germanic Review, LV III, Nr. 4, 1983, S. 161f.

133) Siegfried Mandel
M.R. MINDEN, ARNO SCHMIDT
Modern Fiction Studies, Nr. 29, 1983, S. 299f.

134) (anonym)
GÜNTHER FLEMMING: LETTERNSPUREN
Neue Züricher Zeitung, Fernausgabe, 21.1.84.

135) Hans Haider
EIN STÜCK "WAKE"
Die Presse, 31.3./1.4.84, (zu Weninger-The Mookse).

136) (anonym)
VERZETTELTE INSEL
Die Zeit, 7.9.84, (zu Zettelkasten 1).

137) Hans Haider

QUERGELESEN
Schmidts Kamele
Die Presse, 12./13.1.85, (zu Bock-Über Arno Schmidt).

138) August Ohage
BERT BLUMENTHAL: DER WEG ARNO SCHMIDTS
Vom Prosaprotest zur Privatprosa
Germanistik, Heft 1, 1985, S. 194f.

139) Jörg Drews
MICHAEL R. MINDEN, ARNO SCHMIDT
Arbitrium, Zeitschrift für Rezensionen zur germanistischen Literaturwissenschaft, Nr. 2, 1985, S. 205-208.

REGISTER ZUR SEKUNDÄRLITERATUR